ドラゴンズ 背番号ものがたり

Dragons

Player's Number Stories

鶴田真也
（中日スポーツ・東京中日スポーツ記者）

中日新聞社

まえがき

２０１４年3月に中日スポーツでスタートした『背番号列伝』は、試合のない日のオフ企画として始めたものだった。それが一年半を超える長寿企画となった。長く続いた一番の理由は読者の方々の温かい声。そしてもう一つは、担当した鶴田真也記者自身が、取材を重ねるうちに背番号と、それを背負った男たちの奇異な運命に魅せられ、この企画にのめり込んでいったことだった。何十年も眠っていた秘話を掘り起こしながらの歴史探訪。それが「ぜひ本に」との後押しも受け、今回の書籍化となった。

選手が背番号を育てる場合もあれば、背番号に育てられた選手もいる。「出世番号」とありがたがられる数字がある反面、「悲運」のレッテルとともに、長く受け継がれてきた数字もある。それぞれに個性があり、自己顕示欲も持っている。背負った選手の栄光と挫折、流した汗と涙。常に選手の喜怒哀楽に付き合ってくればこそ、背中の数字にも魂が宿るのかもしれない。真っさらなユニホームに袖を通した選手が口にする「背番号の重み」とは、先輩が築いてきた歴史であり、ファンが託す未来の夢の重さなのだろう。

背番号は「選手の顔」と、よく言われる。自宅や携帯の電話番号、車のナンバープレートに自分の背番号をつけている選手は多い。そして応援するファンもまた、居酒屋や銭湯の下駄箱、荷物ロッカーを前にし、ひいきの選手の背番号を探した経験があるはずだ。背番号の数だけドラマがあり、一つの番号にしても背負った者の数だけドラマがある。さらに12球団、世界共通。年代を問わず語り合える。だからこそ、背番号談議は尽きないし、面白い。本書には中日スポーツに連載した23の物語を書籍用に加筆し、収録している。家族や親しい仲間うちでの団らんのひとときを盛り上がる手助けとなれば幸いに思う。

最後になりましたが、中日スポーツ紙上で『背番号列伝』をご愛読いただいた読者の皆様には、この場をお借りし、厚く御礼申し上げます。

館林　誠（中日スポーツ報道部長）

CONTENTS

Dragons Player's Number Stories

ドラゴンズ背番号ものがたり

Dragons

Player's Number
Stories

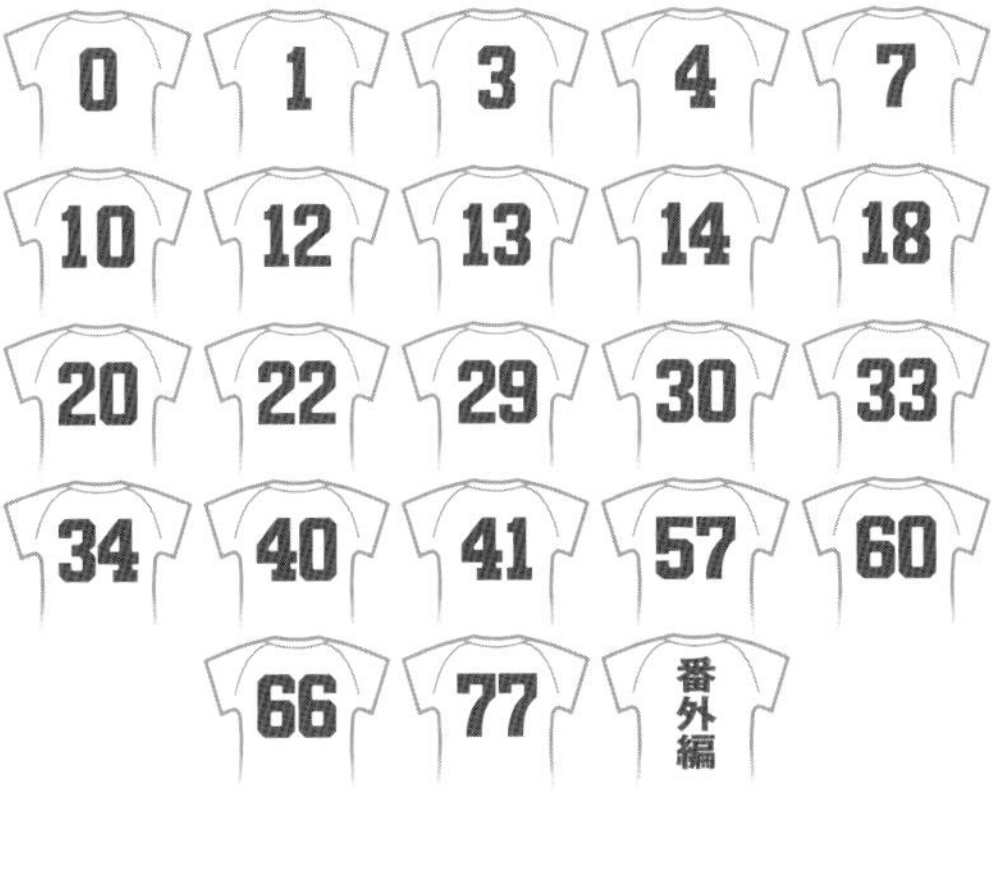

[凡例]

- 本書は中日スポーツ、東京中日スポーツで2014年3月から連載中の「竜戦士 背番号列伝」に加筆、書籍化したものである。
- 所属、肩書などは2015年9月20日時点のものである。
- 敬称、年齢は原則として略した。
- 記録・データは、中日ドラゴンズの前身・名古屋軍が創設された1936（昭和11）年から2014（平成26）年までの公式記録に基づいた。
- 各背番号の系譜の顔写真で入手できなかったものには、中日ドラゴンズのキャップマークを入れた。

Player's Number
Stories

西沢道夫

大リーグ含めて「プロ野球界1号」レジェンド最初は「0」だった？

背番号「0」。大リーグを含めてプロ野球界で、この数字をつけた先駆けとなったのが、中日の永久欠番「15」でも知られる初代ミスタードラゴンズ、西沢道夫さん（1921～77年）という説がある。今から80年近く前、前身の名古屋軍が誕生した時代までさかのぼる。

大リーグも含めて、初めて背番号「0」をつけたといわれる西沢道夫（写真は「15」の頃）

西沢道夫（にしざわ・みちお）
1921（大正10）年9月1日生まれ、東京府（現東京都）出身。35（昭和10）年暮れに名古屋軍（現中日）の養成選手試験に合格し、37年に投手として公式戦初登板。42年7月18日の阪急戦（後楽園）でノーヒットノーランをマークした。

太平洋戦争から復員後の46年に同球団に戻ったが、シーズン途中で金星に移籍。打者に転向した。49年に中日に再復帰。52年に首位打者と打点王に輝く。58年に現役引退。64年から4年間は監督として中日を指揮した。77年に殿堂入りし、同年12月18日に56歳で死去。

現役当時のサイン

「15」で球団初の永久欠番　養成選手時代に

プロ野球で最初の背番号「０」。それはドラゴンズから生まれた可能性がある。「初代ミスタードラゴンズ」の西沢が戦前の一時期につけたといわれているのだ。

貴重な証言をしてくれた古参の中日ＯＢがいる。１９４８年秋から53年まで捕手として所属した三重県桑名市在住の長岡久夫だ。「西沢さん本人からなのか、その友人からなのかは定かでないが、０番をつけていたという話は聞いたことがある。期間は短かったらしい」と話した。

西沢は、投手として60勝。打者としては52年に首位打者と打点王の２冠に輝くなど通算１７１７安打、２１２本塁打をマークした。１リーグ時代の42年５月24日に行われた大洋戦（後楽園）では延長28回を完投したという記録（試合は引き分け）もある。引退は58年。現役最晩年につけた背番号「15」が、同年暮に球団初の永久欠番に指定された。

連盟公報にあたる37年発行の連盟ニュース第14号によると、正式に選手登録されたのは名古屋軍（ドラゴンズの前身）時代の同年３月25日から４月26日にかけて。それまでは養成選手（練習生）だった。球団発足１カ月前の35年暮れに開催された養成選手試験に14歳で合格。正式登録された年は背番号「14」「５」をつけた。その前が「０」だったといわれる。

「０」と言えば、現中日外野守備走塁打撃コーチの長嶋清幸が広島時代の83年に背番号登録し、

設立当時の名古屋軍。後列右から2人目が西沢道夫

先駆け的存在になったことで有名だが、実は戦後間もない時期にも「0」をつけた選手がいた。それが長岡だ。中日に在籍するまでは巨人に捕手として46〜48年と在籍。そこで巨人初の「0」をつけた。中日では最初の2年間は「9」を着用。オープン戦や2軍戦などで活躍したことはあるが、巨人時代を含めて惜しくも1軍の公式戦出場は果たせなかった。

同僚だったころの西沢はチームの中心人物で、公私ともに紳士然としていたという。寄せ書きに鏡文字でサインをするなど粋な一面もあったようで、長岡は「当時から別格の存在だった。美食家で一流料理店に連れて行ってもらったこともある」と懐かしむ一方で「見習の時のことは、あまり話をされなかった」とも振り返った。

実際に背中に「0」をつけていたかどうかについては確実な記録が残されていない。雑誌「ベースボールマガジン」の1998年夏季号の編集後記には「戦前の名古屋の西沢道夫も正式に登録される前は0番だったという」との記述はある。ところが、球団創立直後の36年5月に撮影された集合写真には胸に「NAGOYA」と縫い込まれたユニホームを着ているメンバーが写っているのに対し、西

現役時代のミットを着用する長岡久夫＝三重県桑名市内の自宅で（筆者撮影）

沢だけはなぜか無地の練習着姿。便宜的につけられた背番号という説もある。

夫人「記憶ない…」

西沢は晩年に脳血栓で倒れ、77年に56歳の若さでこの世を去ったが、東京都日野市の自宅には妻はな子さんが健在だ。永久欠番「15」は、はな子さんの誕生日の8月15日にちなんでそうだが、「0」については「パパからそんな話を聞いた記憶がない。練習生時代の思い出に良いことがなかったのだと思う。それに家族も（仕事場の）球場に来てはいけないという時代の人だったから」と話した。

雑誌「野球界」（1952年7月号）に『苦難を越えて』の題名で掲載された西沢本人のエッセーには入団直後の記憶を「私たち養成選手や見習選手はなかなかきつい練習をしたものです。外野の練習中何本も何本もノックを捕っている間にすっかりへバッてぶっ倒れたこともありました」とつづっている。

182センチの上背があり、愛称は当時の人気巨漢力士だった出羽ケ嶽文治郎にちなんで「ブンちゃん」。背番号「0」の謎を残して、今は東京都八王子市にある東京霊園で静かに眠っている。

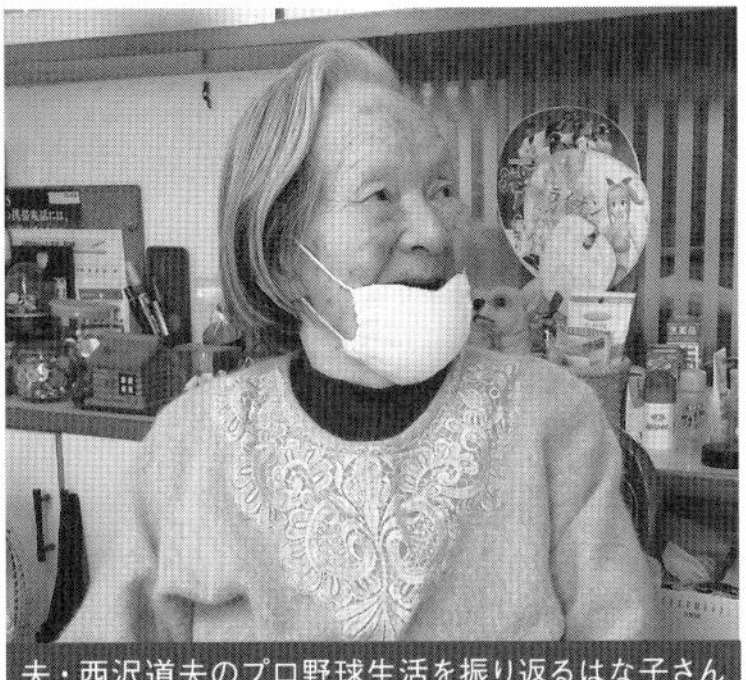

夫・西沢道夫のプロ野球生活を振り返るはな子さん
＝東京都内の自宅で（筆者撮影）

DATA of Player's Number 0

■西沢道夫の年度別投手成績

年	所属	試合	勝数	敗数	投球回	被安打	被本打	奪三振	与四死	失点	自責点	防御率
1937(秋)	名古屋	4	0	0	10⅔	7	1	2	10	4	2	1.64
38(春)		12	3	4	57	38	1	11	36	17	13	2.05
38(秋)		15	3	4	73⅔	76	10	24	38	50	31	3.77
39		31	6	10	184⅔	119	6	67	114	58	44	2.14
40		44	20	9	276⅓	223	5	107	155	85	59	1.92
41		41	7	13	198⅓	146	3	63	119	57	35	1.58
42		35	7	11	211	175	1	52	90	72	41	1.75
43		24	9	6	159	97	3	55	105	47	33	1.87
46	中部	23	5	8	117⅓	123	7	21	94	80	61	4.65
46	GS	1	0	0	4	3	0	1	3	1	0	0.00
47	金星	1	0	0	5	4	0	1	3	2	2	3.60
計		231	60	65	1297	1011	37	404	767	473	321	2.23

■西沢道夫の年度別打撃成績

年	所属	背番号	試合	打数	安打	本塁打	打点	盗塁	四死球	三振	打率
1936	名古屋	14(0)	出場なし								
37(春)		14	出場なし								
37(秋)		5	4	5	2	0	2	0	0	0	.400
38(春)		17	12	19	4	0	0	0	1	3	.211
38(秋)			15	28	6	0	4	0	3	4	.214
39			32	75	14	0	1	1	3	5	.187
40			46	103	19	0	11	0	4	7	.184
41			41	71	14	0	3	0	6	7	.197
42			43	90	16	1	9	0	7	4	.178
43			44	103	23	0	10	1	5	7	.223
46	中部		37	66	18	0	9	0	10	8	.273
46	GS	23	34	135	35	1	16	1	4	7	.259
47	金星		118	457	121	8	57	3	31	24	.265
48		15	130	508	132	16	60	7	46	33	.260
49	中日		136	554	171	37	114	7	50	43	.309
50			137	562	175	46	135	4	56	45	.311
51	名古屋		95	356	96	14	61	7	50	33	.270
52			113	433	153	20	**98**	8	55	34	**.353**
53			119	446	145	22	81	8	40	41	.325
54	中日		126	498	170	16	80	5	40	44	.341
55			127	476	124	14	53	4	49	58	.261
56			101	332	90	8	43	0	13	21	.271
57			87	307	86	7	49	0	21	26	.280
58			107	375	103	2	44	0	24	24	.275
計			1704	5999	1717	212	940	56	518	478	.286

【注】所属の中部は中部日本、GSはゴールドスター。**太字**はタイトル。

メジャー最初の「０」 初めて両リーグ２００安打

大リーグでは「0」よりも「00」の歴史の方が古い。最初に「0」をまとったのは１９７８年のアル・オリバー外野手（当時レンジャーズ）。姓のイニシャルが「Ｏ（オー）」だったため「0」にしたという。のちに史上初めてア、ナ両リーグで年間２００安打、１００打点を達成するなど輝かしい戦績を残した。

「00」を最初につけたのは43年のボボ・ニューサム投手（当時セネタース）。その後はアスレチックスに移籍したものの、古巣に戻った46、47年に再び「00」を選択した。通算２１１勝で、のべ16回も所属球団が変わった経歴も持つ。

大リーグアナリストのＡＫＩ猪瀬さんは「１９２９年に初めて背番号を採用したヤンキースは打順で数字を決めていた。0番打者がいないわけだから背番号『0』という認識が薄いのでは」としている。

球界に「0」ブームを起こした 長嶋清幸

日本球界に「0」ブームを引き起こしたのが中日でもプレーした長嶋清幸。広島時代の1983年に「66」から変更し、話題を集めた。「0」での公式戦出場はプロ野球では初だった。

91年にトレードで中日入りしたときは「4」だったが、「移籍した年にけがをしてしまったので」と翌92年に愛着のある「0」に変更。93年のロッテ時代は「31」。現役最後の所属先となった阪神では再び「0」に戻した。

ゼロからの出発で着用 藤王康晴

ドラゴンズでは戦後の1947年にも林富雄（ポジション不明）という選手が背番号「0」をつけたという記録がある。人材不足だった戦後間もなくの時期にかき集められた見習選手だったという。正選手としては1988年の藤王康晴が球団初。それまでは「1」をつけたが、伸び悩んでレギュラーをつかめず、愛知・享栄高の後輩にあたる現中日投手コーチの近藤真市に譲った。「ゼロからの出発」を期しての「0」への変更ながら、その後も成績を残すことができず、90年に日本ハムに放出された。

形が気に入っている ルナ

現在の背番号「0」はドミニカ共和国出身で3年目のエクトル・ルナ内野手だ。「日本に来るまでは7番だった。でも、入団した時に（昨季引退した）山崎武司さんがその数字をつけていたからね…。2桁は好きではなかったので『0』にしたよ」と振り返る。

来日1年目の2013年に膝痛に悩んだことから背番号変更も考えたが、「今となっては『0』が良い。（0の）形が良いんだ」とすっかりお気に入りだ。

背番号0の系譜

1936
養成選手
西沢道夫

1947、48
不明
林　富雄

1988、89
外野手
藤王康晴

1990、91
内野手
種田　仁

1992
外野手
長嶋清幸

1993〜97
内野手
神野純一

1998〜2001
外野手
ショーゴー（森章剛）

2002、03
投手
栗山　聡

2004〜06
内野手
高橋光信

2007〜12
投手
金剛弘樹

2013〜
内野手
ルナ

Player's Number Stories

高木守道

期待の証「1」の重み

背番号「1」。現役時代は名二塁手として名をはせ、2度にわたってドラゴンズの監督を務めた2代目ミスタードラゴンズ、高木守道さんは20年間にわたって栄光の数字を背負った。

現役時代の肖像画を手に笑顔の高木守道（佐藤春彦撮影）

高木守道（たかぎ・もりみち）

1941（昭和16）年7月17日生まれ。岐阜県出身。県岐阜商高から1960年に右投げ右打ちの内野手として中日に入団。同年5月に初打席初本塁打を記録。63、65、73年に盗塁王を獲得。通算2274安打、369盗塁で80年に現役引退。ベストナイン7回。ダイヤモンドグラブ賞3回。92～95年、2012、13年と中日の監督を務めた。06年に野球殿堂入り。

本人のサイン

入団４年目に「１」 盗塁王で飛躍の年に

「遠い夜空にこだまする〜」の歌い出しで始まる球団応援歌「燃えよドラゴンズ！」。41年前の１９７４年に発売された初版で、１番打者として紹介されているのが「ミスタードラゴンズ」として活躍した高木守道だ。

「私は高校出だし（入団時は）まだプロでやれるようなレベルじゃなかった。同期入団に同じ姓で捕手の高木（一巳、岐阜・大垣商出）さんがいて、そちらの方がむしろ全国区だった。いきなり背番号が１桁なんてとんでもない」

県岐阜商から１９６０（昭和35）年に中日入り。その時の背番号は「１」ではなく「41」。当初は早大に進学するつもりでいたが、甲子園での活躍と、天性の守備力と勝負強さを当時の杉下茂監督ら球団首脳陣に買われ、プロに進む道を選んだ。

高校１年時にはこんなエピソードも。当時立大４年の長嶋茂雄（現巨人終身名誉監督）が指導のため同校を訪れると、その才能を見抜いて二塁のレギュラーで使うよう監督に進言したとされる。

「確かに直立不動で長嶋さんと話している写真は持っとる。私は入学してすぐに肩を痛めて遊撃から二塁に移った。その時にそんな話があったのかもしれん」と笑った。

デビュー戦は入団１年目の60年５月７日に中日球場（現ナゴヤ球場）で行われた大洋（現ＤｅＮＡ）

高木守道の現役時代の姿。1番がよく似合う

戦。代走として初出場し、いきなり盗塁に成功。その後に回ってきた初打席で初本塁打を放つ鮮烈な第一歩を飾った。そこから次第に二塁手として出場機会も増え、同4年目の63年に背番号「1」を授かった。それまで付けていた濃人《のうにん》渉監督が前年に辞任。空き番を引き継いだ。

「私も4年目。レギュラーの年ということで1番が回ってきたんだと思う。当時の背番号1は、巨人の王（貞治）さんは別格として、小回りの利く選手が多かったね。足が速くて内野系の選手が付けていたね」。高木は１７４センチと上背がなく、他球団でも「1」を背負う選手は、広島の古葉竹識、大洋の近藤昭仁ら小兵ばかりだった。

背番号を変えた63年は飛躍の年になった。巨人の柴田勲との盗塁王争いを制し、計50個で初タイトルを獲得。以降、65、73年と計3度も年間最多盗塁を記録した。球団にとっても節目に。指揮官が杉浦清監督に代わって採用されたのが、鮮やかな青色。当時としては斬新な色づかいで、ここからドラゴンズブルーの歴史が始まることになる。

名人

「1番をもらえるのはそれだけ期待されている証しで、それだけの力を持っていると見られていたということ。それが結果として出るか、つまずいて出ないか。そのどちらかにすぎない」

守備はまさに名人芸。華麗なバックトスやグラブトスを披露し、ベストナインに7度、ダイヤモンドグラブ賞に3度輝いた。圧巻だったのはエース星野仙一（現楽天球団取締役副会長）とのけん制プレー。お互いに微妙な体の動きを読み取り、あうんの呼吸でノーサインでけん制球を受けていた。ただし、守備は失敗しないことが当たり前で、数字にも表れにくい。生え抜きでは球団初の2000安打を達成したものの、結局、盗塁以外の打撃タイトルには恵まれずじまい。なかなか評価されないことに悔しさをにじませた。

晩年はコーチ兼任でプレー。80年に引退した後も2年間は現役の背番号のまま作戦守備コーチを務めた。が、82年11月21日に突如、球団と話し合い、20年間背負ってきた「1」を返上することを決意した。当時の中日スポーツには「日本ではどこの球団もコーチは60、70番台。昨年はファンからもそのままの方が、と言われ、1番をつ

背番号1の思い出を語る高木守道＝名古屋市内の自宅で（佐藤春彦撮影）

けていたけど、僕だけポツン、というのは違和感がある。返上しようと決心していた」と答えている。

その1週間後にコーチ陣容が発表されたが、背番号欄は異例の空白のまま。その後で選んだのは何の変哲もない「67」という数字だった。栄光の背番号「1」は31年ぶりに空き番となり、83年オフのドラフトで1位指名された藤王康晴（愛知・享栄高）が譲り受けることになる。

DATA of Player's Number 1

■高木守道の年度別打撃成績

年	背番号	試合	打数	安打	本塁打	打点	盗塁	打率
60	41	51	99	19	3	6	2	.192
61		80	222	47	2	11	4	.212
62		96	239	67	1	15	10	.280
63	1	133	496	126	10	39	**50**	.254
64		123	482	141	8	31	42	.293
65		132	483	146	11	48	**44**	.302
66		113	457	140	17	59	20	.306
67		118	455	133	19	66	9	.292
68		83	318	76	10	33	11	.239
69		130	513	129	24	66	20	.251
70		118	449	116	10	51	18	.258
71		120	436	104	8	22	28	.239
72		118	459	115	10	42	19	.251
73		122	480	131	5	31	**28**	.273
74		121	456	126	15	47	14	.276
75		116	463	138	17	51	16	.298
76		98	392	104	17	44	7	.265
77		121	468	136	20	52	10	.291
78		89	314	89	13	37	3	.283
79		120	467	140	11	48	11	.300
80		80	219	51	5	14	3	.233
計		2282	8367	2274	236	813	369	.272

【注】太字はタイトル

初代「1」の丹羽淑雄　名古屋軍の右腕

背番号「１」を初めてつけたのが丹羽淑雄《にわとしお》だ。

プロ野球初年度の１９３６（昭和11）年に前身の名古屋軍に右投げ投手として所属したが、足跡を記した資料はほとんどない。中日球団によると、公式戦出場は１試合。36年当時は３シーズン制で、連盟結成記念全日本野球選手権（夏季）の１戦だった同年７月16日の名古屋金鯱戦（愛知・八事山本球場）で９回に代走で出場したとある。翌日付の新愛知新聞（中日新聞の前身）も「代走の丹羽二盗を試み捕手の悪送球で一挙三進したが、野村遊飛、斯《か》くて８－５で名古屋軍敗る」と伝えている。

出身高は愛知・旧制一宮中（現一宮高）だが、母校にも資料はわずかしか残されていない。「一宮高校野球部史」（91年発行）には、31年の第８回卒業とあるが、永眠したＯＢとして紹介されているだけだ。

球団在籍時の年齢は22歳。当時の連盟公報にあたる「日本野球連盟ニュース」によると、第２回全日本野球選手権（秋季）の開催中だった10月29日付で名古屋軍を「退社」とある。なお、第１回日本職業野球リーグ戦（春季）の直前に行われたプレシーズン戦では投手として登板した記録がある。

闘将が願い込め…　13代目・福留孝介

福留孝介（現阪神）は背番号へのこだわりは一切なかった。1999年にドラフト1位で中日入団。希望を聞かれることもなく、星野仙一監督から背番号「1」を差し出された。

「『1』をつけろと言われたので、ハイ分かりました。それで決まり。背番号で野球をするわけではないし、背中は自分で見えないし、特別こだわりもなかった。前年の98年から空き番号となっていたため拒む理由もなかった」

星野監督からは「ドラゴンズの主軸と言うより、日本のプロ球界の主軸になってほしい」とエールを送られた。その期待通り、中日では2度の首位打者に輝き、3度のリーグ制覇に貢献した。

ＰＬ学園では「6」。日本生命から「1」。米大リーグのカブスに移籍した際も「自分からは何も言っていない」そうだが「1」を用意された。ワールド・ベースボール・クラシックの第2回大会（09年）は「1」をつけたが、第1回（06年）は「17」だった。移籍した阪神では鳥谷が「1」のため、福留は「8」になった。

背番号1の系譜

1936
投　手
丹羽淑雄

1936秋〜38春
内野手
小島茂男

1938秋〜40
内野手
戒能朶一

1947、48
投　手
大沢紀三男

1949〜51
外野手
坪内道典

1953〜58
内野手
牧野　茂

1959、60
外野手
本多逸郎

1961、62
監　督
濃人　渉

1963〜82
内野手、コーチ
高木守道

1984〜87
内野手
藤王康晴

1988〜91
投　手
近藤真一

1992〜97
内野手
種田　仁

1999〜2007
内、外野手
福留孝介

2008〜14
内野手
堂上直倫

2015〜
外野手
友永翔太

Player’s Number
Stories

立浪和義

3代目ミスタードラゴンズ　アイドル顔負けの人気

チームの顔として背番号「3」をつけた3代目ミスタードラゴンズの立浪和義さん。アイドル顔負けのルックスで新人時代から圧倒的な人気を誇った。引退時にはファン主導で永久欠番の署名活動も展開された。

直筆サイン色紙を手にする立浪和義（筆者撮影）

立浪和義（たつなみ・かずよし）
1969（昭和44）年8月19日、大阪府生まれの46歳。右投げ左打ち。PL学園高（大阪）時代の87年に甲子園を春夏連覇。ドラフト1位で内野手として88年に中日入団し、1年目に新人王を獲得した。ゴールデングラブ賞5回、ベストナイン2回。2003年に2000安打達成。09年を最後に現役を退いた後は中日スポーツ評論家。

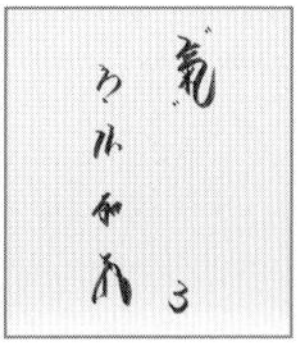

本人のサイン

甲子園のアイドル

ＰＬ学園高時代に「甲子園のアイドル」と呼ばれた男。ドラゴンズに入ってからも立浪の人気ぶりは異次元だった。

１９８７年に甲子園春夏連覇を果たし、そのオフにドラフト1位指名で入団。提示された背番号は空き番の「3」と「5」だった。「1桁で好きだったのは『3』。長嶋（茂雄）さんのイメージが強かったし、いただけるのならということで。1桁の数字はもらえるだけでありがたいこと」。球団の期待も超ど級だった。

星野監督㊧とガッチリ握手する立浪和義＝1987年12月17日、名古屋市中区のクラブ東海で

2年目に全国ＣＭ

1年目から1軍に定着。異例だったのは2年目の89年に全国区のテレビＣＭのお呼びがかかったことだ。スポーツ用品メーカー、ＳＳＫのＣＭに起用され、大きな話題になった。

80年代のローカル系以外では当時、元ＮＨＫキャスターの肩書を持つ星野仙一監督が家電や文房具など数多くのＣＭに出演していたが、現役選手は限られ、田尾安志の花王トニックシャンプー

（花王）、小松辰雄と牛島和彦のミカロン（シャンプー、興和）、阪神のランディ・バースと共演した落合博満のワールドウィン（野球用品、ミズノ）ぐらいだった。

立浪のＣＭ映像は2パターン。1つ目はロッカールームで球をグラブに投げ付けながらはにかんでいるカット。もう1つは食堂でおいしそうにご飯をほおばっているもので、「野球でやっとメシが食えるようになりました」というセリフだったことから、コメ関連のＣＭと勘違いしたファンもいたという。同社事業推進本部トータルコミュニケーショングループは「そのほかに『大変です』のフレーズのバージョンもあったが、残念ながら放送はされなかった。２００４年にも同社の『バットミントン編』のＣＭに出演していただいた」と話した。

現役時代は男性アイドル顔負けだった。ナゴヤ球場、ナゴヤドームの前には出待ち、入り待ちのファンが常にいた。そこで一計を案じた。今でも自家用車には自分の背番号にちなんだ数字をつける選手が多いが、あえて「8」の1文字だけを選んだことがあった。

「『8』は末広がりで縁起がいい数字。中国では『7』より『8』の方が喜ばれる。名古屋市も市章に『八』を使っているので」。もちろん、「3」を見捨てたわけではない。そこが巧みなカムフラージュなのだ。洋数字の「8」をよく見ると、実は「3」が隠されているのが分かる。

「車で帰るときにはファンの方が『ハルさーん』と声をかけていただくこともあった。あのころは波留（敏夫・現1軍内野守備走塁コーチ）が中日で『8』をつけていたからね。よく間違えられた」。

当時、運転していたのは高級車のメルセデス・ベンツ。「3」をつけていれば、持ち主が誰なのか一発で分かってしまう。近隣住民などにも配慮して「8」にしたというのが真相だ。

永久欠番の署名運動も

1年目に新人王に選ばれた。惜しくもそれ以降は打撃タイトルに恵まれなかったが、西沢道夫、高木守道に続く3代目ミスタードラゴンズとしてチームをけん引した。2003年には球団3人目の2000安打を達成。プロ野球記録の通算487二塁打を放つなど、現役22年間を「3」で通した。背番号の着用期間の長さでは「34」をつける山本昌の32シーズンに次いで球団歴代2位だ。

09年に引退する際も絶大な人気を集めた。「3」を永久欠番してほしいとの要望が高まり、「中日の宝・背番号3を永久欠番にする会」「立浪和義応援会」がそれぞれ発足。2団体で計6万1000人の署名が集められ、球団に届けられた。

巨人戦で左中間タイムリー二塁打を放つ＝1988年9月4日、ナゴヤ球場で

ただし、永久欠番に指定されることはなかった。球団はその年のオフに森野将彦内野手が引き継ぐことを発表。その後、森野自身が固辞したため、1年間だけ空き番になったが、11年に入団したＰＬ学園高の後輩、吉川大幾（現巨人）に与えることになった。

立浪本人は永久欠番について「これは球団が判断すること。個人的にどうのこうの言える立場にない。ただ、もうちょっと（空き番で）置いておいてほしかったという思いはある。署名をされた方には感謝している」と話すのみ。それでも名誉ある番号には違いなく、プロ野球ファンの記憶にしっかりと焼きついている。

現役最終打席を左飛に倒れた代打立浪は巨人ファンからも声援を浴び帽子を掲げて応える立浪和義＝2009年10月24日、東京ドームで

DATA of Player's Number 3

■立浪和義の年度別打撃成績

年	背番号	試合	打数	安打	本塁打	打点	盗塁	打率
88	3	110	336	75	4	18	22	.223
89		30	85	20	2	8	3	.235
90		128	511	155	11	45	18	.303
91		131	520	151	10	45	10	.290
92		98	379	114	5	42	8	.301
93		128	500	143	16	50	6	.286
94		129	489	134	10	53	12	.274
95		126	489	147	11	53	10	.301
96		130	511	165	10	62	2	.323
97		133	495	133	14	55	8	.269
98		134	504	137	8	43	6	.272
99		123	417	111	4	53	3	.266
00		126	436	132	9	58	5	.303
01		139	507	148	9	65	6	.292
02		137	506	153	16	92	4	.302
03		135	500	140	13	80	2	.280
04		134	523	161	5	70	5	.308
05		138	501	127	9	56	2	.253
06		113	259	68	1	31	3	.263
07		101	109	30	2	31	0	.275
08		86	73	15	1	10	0	.205
09		77	66	21	1	17	0	.318
計		2586	8716	2480	171	1037	135	.285

伝説の選手になりたい
高橋周平

栄光の背番号「3」は現在、4年目の高橋周平内野手に受け継がれている。昨年オフの契約更改交渉の場で「9」からの変更を球団側から告げられた。

その時の落合博満ゼネラルマネジャーからのメッセージは「番号が番号だから、周囲からいろいろ言われるかもしれない。非難されるかもしれない。でも、その声をかき消す選手になりなさい」だったという。

周平本人は更改後の会見で「立浪さんのイメージが強い。チーム、リーグを代表する選手になりたい。伝説の選手になりたい」と語っている。1、2年目は「31」。「9」はわずか1年だった。

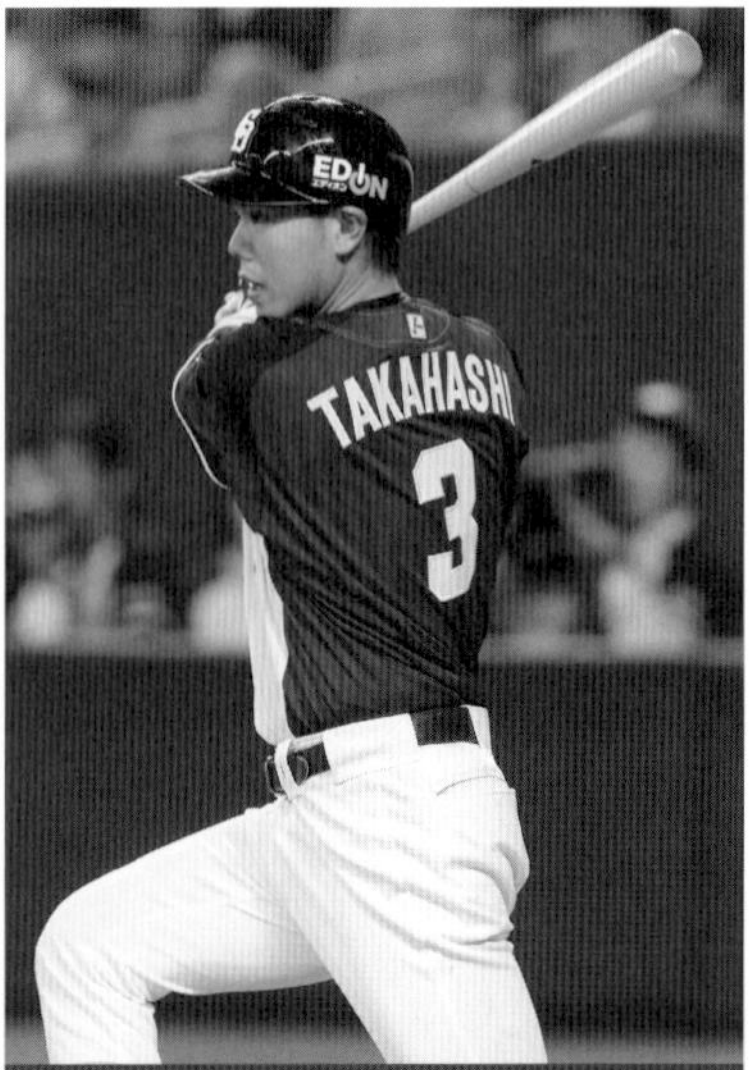

広島戦の8回裏2死一、二塁、代打で左中間に同点二塁打を放つ＝2015年4月5日、ナゴヤドームで

Dragons

背番号3の系譜

1936
投　手
松浦一義

1936
投　手
桜井正三

1937秋
内野手
倉本信護

1938～40、46
外野手
石田政良

1947
投　手
藤本英雄

1948～54
内野手
国枝利通

1955、56
内野手
内海武彦

1957～72
外野手
中　利夫

1974～76
外野手
藤波行雄

1977
外野手
デービス

1979、80
内野手
ギャレット

1981、82
内野手
富田　勝

1983～87
外野手
平野　謙

1988～09
内野手
立浪和義

2011～14
内野手
吉川大幾

2015
内野手
高橋周平

Player's Number
Stories

ケン・モッカ

4度宙に舞った〝引退試合〟ナインの心をわしづかみにした愛すべき「4」

外国人選手が多くつけた「4」。ファンだけでなく選手からも愛されたのが、主砲として1982年のリーグ優勝に貢献したケン・モッカさん（米国）。米ペンシルベニア州の自宅に国際電話をかけると、インタビューに快く応じてくれた。

4年間ごくろうさんでした…とナインからお別れの胴上げをされるケン・モッカ＝1985年9月、ナゴヤ球場で

ケン・モッカ

1950年9月29日生まれ、米ペンシルベニア州出身。右投げ右打ち。72年にドラフト6巡目でパイレーツに指名され、74年にメジャーデビュー。内外野をこなす万能選手で、その後はエクスポズ、ブルージェイズと渡り歩いた。中日では82年から内野手として4年間プレーし、そのまま現役を引退。指導者として復帰した大リーグでは2003～06年にアスレチックスの監督を務め、2度の地区優勝。09、10年はブルワーズを指揮した。

実は「マッカ」と発音

　応援ソングに使われたミッキーマウスマーチが懐かしい。ケン・モッカはファンだけでなく選手からも愛され続けた。事実上の引退試合となった１９８５年9月19日の巨人戦（ナゴヤ球場）。試合後には満場の拍手のなか、同僚から胴上げされ、大きな体が背番号と同じ4度、宙に舞った。

「今も忘れられないよ。自分は目方があるから、地面に落とされやしないかドギマギした」。入団した82年は23本塁打、76打点と活躍し、リーグ優勝に貢献した。だが、4年目の85年は本塁打13本と低迷。球団との話し合いで巨人戦を最後に退団することが決まった。ただし、その時点でチームは4位（最終成績は5位）の位置にあり、まだ20試合を残していた。このタイミングで、しかも外国人選手が胴上げされるのは極めて異例なこと。それだけ愛すべきキャラクターでもあった。

モッカの登録名はあくまで日本式だ。本来の英語の発音は「マッカ」。当時の足木敏郎広報部長が「真っ赤」と読まれることを嫌って「モ」で始まる名前に決めたとされる。来日1年目からホットコーナーの三塁を任され、在籍4年間の通算は打率3割4厘、82本塁打、２６８打点。これだけ活躍することができたのは、日本の野球に順応すべく、元大リーガーのプライドを捨ててチームに溶け込もうとした努力のたまものだ。

　来日直後の宮崎・串間キャンプでのことだ。練習後に同僚らが歓迎会に招いてくれたが、体育会系の飲み会は体を張ってナンボの世界。当然のことのようにナインから「芋焼酎をイッキ飲みしろ」とむちゃぶりをかまされた。意を決したモッカは瓶を片手にストレートでゴクゴクとらっぱ飲み。しかし、焼酎のアルコール度数は20度前後と高く、途中でブハッと噴き出してしまった。

「会場は大爆笑だったよ。あれで僕らの心をわしづかみにしたね。大リーグ出身者はお高くとまるやつが多いけど、モッカだけは違っていたな」。同僚だった鈴木孝政投手も目を細めた。

贈り物にもユーモア

大リーグでも「ルーキーヘイジング」という伝統行事がある。直訳すると「新人いじめ」。新人選手に対して風変わりな仮装をさせ、チーム内の親睦を図る通過儀礼で、イチローや松井秀喜、ダルビッシュ有らも経験させられた。チームワークは勝利への第一歩。大リーグ3球団に在籍したモッカも、「つかみ」がいかに大事なのかを十分に心得ていた。

「4」は外国人選手にあてがわれるケースが多い。中日でもモッカを含めて14人がつけた。日本では「死」につながるとして忌み嫌われる数字だからだが、本人は「日本では不吉な数字というのは分かっていた。ホテルの部屋や飛行機の座席も『4』がなかったりするからね。でも、僕は大リーグで何度も背番号を変えているし、何番でも良かったんだ」。一笑に付した。ほかにも「40」「100」などの案もあったようだ。

引退試合となった巨人戦の試合前には、選手食堂でささやかな送別会が開かれた。そこに登場したモッカは友情の証しとして贈り物を用意していた。新婚だった上川誠二内野手にはドリンク剤を渡し、牛島和彦投手には「移動日にこれを使え」と目覚まし時計を授けた。極め付きは一塁手の谷沢健一への捕虫網だ。一塁への送球がそれることが多かったことから「もっと早い時期に渡しとけば、悪送球せずに済んだのに」。最後までユーモアの人だった。

大リーグ監督で2度地区優勝

米国に戻ってからはコーチに転身。2003年にアスレチックスの監督に就任すると、在籍4年間で2度の地区優勝を果たした。09、10年にはブルワーズを指揮。その後は一時、地元の短大で臨時コーチを務めたが、現在はパイレーツ戦を中心にテレビ解説者などをしながら悠々自適の日々を過ごしている。

「日本では忍耐を学んだ。感情を制御することとかね。選手には『ナッシング・カムス・イージー（何事も努力なしに成就しない）』とも言ってきた。大リーグの監督になってもそのポリシーは変わらなかったね」。高木守道前監督が退任する際には指揮官候補に取り沙汰されたほど。ドラゴンズ魂を大リーグに導入し、見事に成功を収めた手腕は評価に値する。

大リーグ中継の解説者を務めるケン・モッカ
（Root Sports提供）

DATA of Player's Number 4

■モッカの年度別打撃成績

年	背番号	試合	打数	安打	本塁打	打点	盗塁	四死球	三振	打率
82	4	130	483	150	23	76	1	51	74	.311
83		111	389	110	15	45	0	35	57	.283
84		130	465	147	31	93	1	62	54	.316
85		102	362	109	13	54	4	49	40	.301
計		473	1699	516	82	268	6	197	225	.304

■日本球界出身の大リーグ監督経験者

名前	在籍した日本球団(期間)	大リーグ	
		監督就任期間	球団
ジマー	東映(1966年)	72、73年 76~80年 81、82年 88~91年	パドレス レッドソックス レンジャーズ カブス
アスプロモンテ	**中日、大洋(64~66年)**	**72~74年**	**インディアンス**
マーシャル	**中日(63~65年)**	**74~76年 79年**	**カブス アスレチックス**
ドビー	**中日(62年)**	**78年**	**ホワイトソックス**
ジョンソン	巨人(75、76年)	84~90年 93~95年 96、97年 99、00年 11~13年	メッツ レッズ オリオールズ ドジャース ナショナルズ
バレンタイン	ロッテ※(95、04~09年)	85~92年 96~02年 12年	レンジャーズ メッツ レッドソックス
ラフィーバー	ロッテ(73~76年)	89~91年 92、93年 99年	マリナーズ カブス ブルワーズ
コリンズ	オリックス※(07、08年)	94~96年 97~99年 11年~	アストロズ エンゼルス メッツ
ミューサー	西武(19年)	97~02年	ロイヤルズ
パリッシュ	ヤクルト、阪神(89、90年)	98、99年	タイガース
マニエル	ヤクルト、近鉄(76~81年)	00~02年 05~13年	インディアンス フィリーズ
トレーシー	大洋(83、84年)	01~05年 06、07年 09~12年	ドジャース パイレーツ ロッキーズ
モッカ	**中日(82~85年)**	**03~06年 09、10年**	**アスレチックス ブルワーズ**
パラーゾ	ヤクルト(80年)	05~07年	オリオールズ
ヒルマン	日本ハム※(03~07年)	08~10年	ロイヤルズ

【注】※は監督として日本球団在籍、**太字**は中日に在籍

「4時44分」はオレの時間だ

藤井淳志

現在の「4」はプロ10年目を迎える藤井淳志外野手。入団時から2年間を「22」で過ごし、07年オフに当時の落合博満監督（現GM）の発案で背番号を変更した。

「最初は嫌な数字で抵抗があった」と言うものの、変更して2年目の09年に114試合で打率2割9分9厘、10本塁打とブレークしてからは「縁起がいい数字」と強い愛着を抱くようになった。

今では時計が4時44分を指していると「オレの時間だ」と思ってしまうほど。昨年末の契約更改で球団側から「番号を変えてみるか?」と打診されたが、「このままで行く」と丁重に断った。

闘将ダメ出し　幻の背番号に

筒井壮

1997年にドラフト7位で内野手として入団した筒井壮にとっては幻の背番号だ。新入団会見直前に内定していた「4」から急きょ「37」に変更。当時の星野仙一監督が叔父にあたり、「ドラフト7位の選手に大それた番号は必要ない」とダメ出しされたという。

中日スポーツによると、筒井は入団会見で「新外国人（後にゴメスが入団）のこともあるだろうし、僕は何番でも構わない」と気丈に話している。中日では8年プレーし、その後は阪神に2年間在籍した。

アスプロ、マーシャル、ドビーら　竜出身大リーグ監督は4人

ドラゴンズＯＢで大リーグ監督になったのはモッカ以外に3人いる。

１９６４、65年に「４」をつけて内野手としてプレーしたケン・アスプロ（本名はアスプロモンテ）は、72年から3年間、インディアンスの監督を務め、日本で多用されていた「偵察メンバー」を用いて打順を組む戦術を使っていた。中日を退団した後は大洋でも1年間だけプレーした。

アメリカンリーグ初の黒人選手としても知られるラリー・ドビーは62年の1年間だけ外野手として中日でプレーした。引退後はコーチとして大リーグ球団を渡り歩き、ホワイトソックスのコーチをしていた78年途中に、成績不振で解任されたボブ・レモンに代わって監督に昇格。ところが自身も37勝50敗と振るわず、そのまま退任した。

63年から3年間、内野手として在籍したジム・マーシャルも大リーグ指揮官経験者だ。日本球界初の現役大リーガーとして鳴り物入りで中日入り。64年には球宴にも選ばれ、中日球場で行われた試合でＭＶＰを獲得した。大リーグでは74年途中から76年までカブスで、79年にはアスレチックスで監督を務めた。81～83年には中日の近藤貞雄監督に請われて総合コーチを務め、在籍していたモッカを直接指導した。

モッカの後に「４」を継いだゲーリーは２０１５年時点でオリオールズのスカウティングディレクターを務めており、将来の指揮官候補の１人と目される。

背番号4の系譜

1937春
外野手
前田喜代士

1938春〜41
内野手
大沢　清

1946〜48
内野手
大沢　清

1951〜56
外野手
杉山　悟

1957〜59、61
捕　手
酒井敏明

1962、63
内野手
今津光男

1964
内野手
山本久夫

1964、65
内野手
アスプロ

1966
内野手
ワード

1967
内野手
浜中祥和

1969
内野手
フォックス

1970〜72
内野手
ミラー

1973
外野手
テーラー

1974〜78
外野手
マーチン

1979、80
外野手
ジョーンズ

1981
外野手
コージ

背番号4の系譜

1982～85
内野手
モッカ

1986～88
外野手
ゲーリー

1989
内野手
清水雅治

1990
内野手
岩本好広

1991
外野手
長嶋清幸

1992～94
外野手
佐野心

1995
外野手
清水雅治

1996
内野手
コールズ

1997～2002
内野手
ゴメス

2003
内野手
酒井忠晴

2004～06
外野手
アレックス

2007
投手
バレンタイン

2008～
外野手
藤井淳志

Player's Number
Stories

森　徹

慕い続けた力道山　〝弟〟の入団、トレード、国際リーグ入り…

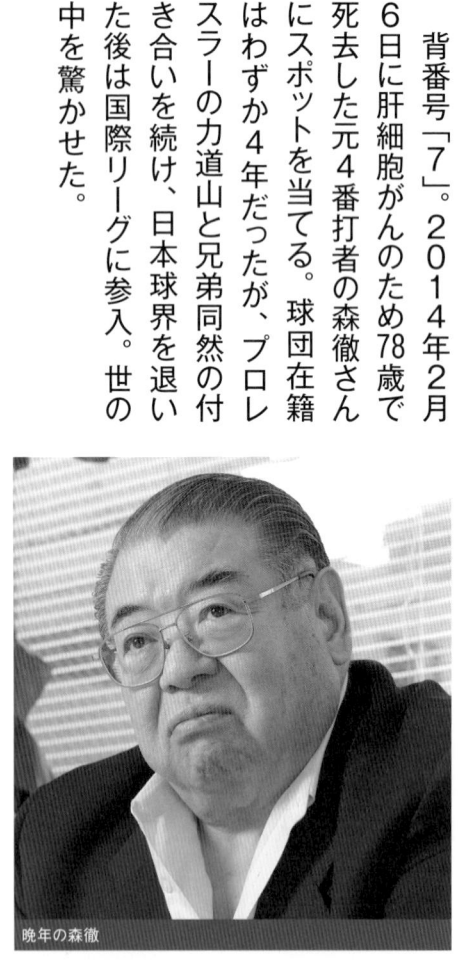

背番号「７」。２０１４年２月６日に肝細胞がんのため78歳で死去した元４番打者の森徹さんにスポットを当てる。球団在籍はわずか４年だったが、プロレスラーの力道山と兄弟同然の付き合いを続け、日本球界を退いた後は国際リーグに参入。世の中を驚かせた。

晩年の森徹

森徹（もり・とおる）
1935（昭和10）年11月3日、旧満州（中国東北部）生まれ。早大時代は長嶋茂雄（当時立大、後に巨人入り）が宿敵。58年に外野手として中日入りし、59年に31本塁打、87打点で2冠王を獲得した。その後大洋（現DeNA）、東京（現ロッテ）と移籍。68年にいったんは引退するが、翌69年に新興国際リーグ「グローバルリーグ」が発足し、日本チームの選手兼任監督を務めた。ベストナイン3回、球宴出場5回。2014年2月6日、肝細胞がんのため78歳で死去。

現役当時のサインボール

常に「アニキ」見え隠れ

「トオル」「アニキ」――。2人はこう呼び合っていた。森徹の人生には、常に力道山の背中が見え隠れする。

両者の関係は深かった。森は1958（昭和33）年に早大から中日に入団。2年目には本塁打、打点の2冠王に輝いた。ところが、4年目のシーズン終了後に突如、当時の濃人《のうにん》渉監督らの手で南海へのトレードが画策される。その話を成立直前で破談にさせたとされるのが力道山だった。森は頑固な性格。スパルタ主義の濃人とソリが合わず、不満分子として扱われていた。

レスラー　球界介入

放出の動きを察知した力道山は「（不協和音の）原因をつくった濃人も辞めさせるべきだ」と球団首脳陣に掛け合った。花形レスラーが球界に介入するのは前代未聞ながら、最終的に指揮官は残

ドラゴンズ時代の森徹㊧と力道山（森家提供）

留。森側は移籍先を選べる折衷案を事実上勝ち取り、金銭トレードという形で大洋へと移籍した。

2人の関係はなぜこれほどまで濃密だったのか。「師匠（力道山）と森さんは兄弟のような間柄。師匠は、森さんの母親に頭が上がらなかったみたいだ」と話すのは力道山の付き人をしていた現参院議員のアントニオ猪木だ。

森徹との思い出を語るアントニオ猪木＝参議院議員会館で（筆者撮影）

「行くなら中日へ」

森は35年、旧満州（中国東北部）の生まれ。母の信《のぶ》さんは北京で料亭を開くなどしていたやり手の経営者で、大相撲力士として大陸巡業に訪れていた力道山をかわいがり、戦後も母親代わりだった。希代の英雄の頭を平気でひっぱたける唯一の存在でもあった。森は11歳上の力道山を頼り、中日入りする際も相談に乗ってもらった。当時の中日スポーツにも「行くなら中日がいいと推薦していた」と力道山はコメントを寄せている。

力道山の愛のキューピッド役を務めたのも森一家だ。力道山夫人の田中敬子さんは「最初は徹さんのおかあさんが、私と徹さんを結婚させようとした」と笑う。信さんは、当時客室乗務員だった敬子さんの父親と交流があり、すぐに縁談に発展したが「徹さんには既に決めていた人がいた。でも、それを内緒にしていたので、おかあさんに怒られたらしい。徹さんによると、それなら、この話を兄貴に持っていこう、ということになった」。

力道山は再婚で敬子さんは初婚。結婚して約10カ月後の63年12月に力道山は暴漢に刺されて急死してしまう。敬子さんはそのとき妊娠7カ月で、後に産まれた一人娘・浩美さんの子、田村圭さんは慶応高、慶大で投手として活躍。「力道山の孫」として注目を集めた。敬子さんは「主人は野球が好きで野球チームをつくっていたほど。徹さんも孫をかわいがってくれた。野球で分からんことがあったら聞きに来い、なんてやりとりをしていた」と言う。

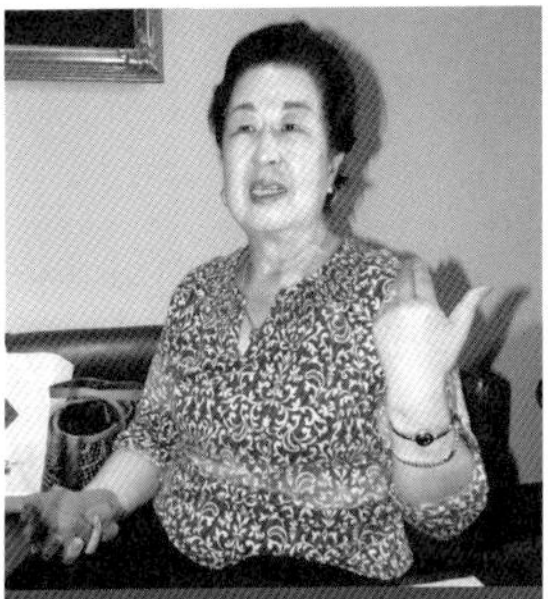
力道山夫人の田中敬子さん＝東京都内で（筆者撮影）

森は68年を最後に日本球界から身を引き、旅行会社を展開するつもりでいた。そのときだ。翌69年、大リーグに匹敵する世界規模の新リーグ「グローバルリーグ」が米国を本部として結成されることになり、日本チーム「東京ドラゴンズ」の選手兼監督として担ぎ出されることになった。ドラゴンズの愛称は「（中日にいた）森のチームだから」と言われているが、本人も詳しい由来は知らなかったという。

ベネズエラ開幕戦

参加したのは米国、ベネズエラ、ドミニカ共和国など5の国と地域から6チーム。森はプロ、アマ問わず25人を入団テストで選抜し、同年4月24日にベネズエラで開幕戦を迎えた。が、その後、リーグの資金難で給料未払いが発生し、公式戦を戦ったのはわずか11試合。失意のまま帰国し、半年でリーグは解散した。

海外挑戦の原動力は力道山にあった。家族ぐるみの付き合いをしていたから、米国とのパイプが太かった力道山から現地のスポーツ風土、興行の在り方などさまざまな情報を耳にしていた。敬子さんは「主人の一部始終を見ているから、影響は間違いなく受けていた」と言い切り、森の次男、祐章さんも「引退後も米国の保険会社を日本に持ってこようとしたりしていた。先見の明はあった」と話す。

プロ生活はグローバルリーグを含めてわずか12年。活躍の場を見いだせなかった悲運の大砲とも呼ばれるが、慕い続けた力道山とのエピソードは尽きない。

【参考文献】
『ドン・キホーテ軍団』（阿部牧郎、徳間文庫）、『力道山の真実』（門茂男、角川文庫）

力道山（りきどうざん）
戦後の復興期に日本のプロレス界の礎を築いたプロレスラー。大相撲力士（最高位は関脇）から転身。1963年に暴漢に刺され、39歳で死去。

■森徹の年度別打撃成績

年	所属	背番号	試合	打数	安打	本塁打	打点	盗塁	四球	死球	三振	打率
58	中日	7	112	421	104	23	73	7	18	3	85	.247
59			130	486	137	**31**	**87**	9	37	4	77	.282
60			129	469	129	21	72	9	45	5	67	.275
61			123	428	109	13	60	5	26	3	60	.255
62	大洋	6	133	481	122	22	67	2	21	3	65	.254
63			134	466	112	24	68	5	27	1	57	.240
64			130	357	91	15	54	4	18	2	31	.255
65			87	162	31	13	28	3	3	2	19	.191
66	東京	8	101	333	71	17	43	8	25	4	60	.213
67			91	256	65	10	33	4	8	1	45	.254
68			7	9	0	0	0	0	0	0	2	.000
計			1177	3868	971	189	585	56	228	28	568	.251

【注】太字はタイトル

与那嶺要にあこがれて

森徹は中日入団時に「7」を選んだ。元中日でグローバルリーグにも外野手で参加した辻正孝は「巨人の与那嶺（要）さん（後に中日監督）が『7』だったので、その番号にした。そんな話を聞いた」と言う。

森の長女でジャズシンガーの森郁さんは「銀行の暗証番号は『9768』だった。自分の背番号の順番です」。早大では「9」。中日、大洋、東京とプロではいずれも1桁台だった。グローバルリーグ時代は「33」。当時の年齢にちなんでいる。

全国区に押し上げた「ヘディング」宇野勝

たったの一度のまずいプレーが宇野勝を全国区に押し上げた。1981年8月26日、後楽園球場での巨人-中日戦。世に言う「宇野ヘディング事件」だ。2-0の7回2死一塁。遊撃の宇野は代打山本の飛球に対して後退しながら捕球体勢に入った。ところがボールはグラブに収まらずに自分の頭部を直撃。一塁走者は一気に生還し、チームは完封勝ちを逃した。

「1つ言い訳をするなら、スパイクのケン（歯）が後楽園の硬い人工芝につっかかった」とは本人の弁。それでも「次の日の試合は僕の本塁打で勝ったんだよ」。ミスは一晩で帳消しにした。

入団時に「43」をつけ、プロ3年目の79年に「7」に変更。このプレーが83年スタートのフジテレビ系番組「プロ野球珍プレー・好プレー大賞」を生み、歴代の「7」では最も記憶に残る男となった。

遊撃後方のフライを宇野勝㊨が頭に当てた。左はセンター平野謙＝1981年8月26日、後楽園球場で

アメリカンリーグ初の黒人選手
ドビー

1962年に「7」をつけたのが元大リーガーのラリー・ドビーだ。ア・リーグ初の黒人選手だったドビーは本塁打王（2度）、打点王のタイトルを引っ提げてシーズン途中の6月に来日。日本でのプレーは1季だけで計10本塁打を記録した。

デビュー直前の記者会見では「（米国と異なり）内野に芝生がないのは少し困った」と本音を漏らしている。2003年に79歳で死去。古巣のインディアンスではデビュー時につけた「14」が永久欠番になっている。

実力で取り返す
森野将彦

森野将彦内野手が2014年に背番号を13季ぶりに「7」に戻した。中日入団時にもらった数字だが、プロ3年目の1999年7月に突然、韓国出身の李鍾範《リージョンボム》の希望で背番号を交換。球団の指示を泣く泣く受け入れて「8」に変更した。

その後は「16」「8」「31」「30」と変遷。現役時代だけで、重複も含め7つの背番号をつけたのは球団最多だ。森野自身は「『7』を取り戻せるように力をつけていく。それだけを考えていた」。実力で原点の数字を取り返した。

1995
外野手
ホール

1996
内野手
山田和利

1997～1999
内野手
森野将彦

1999～2001
内野手
李 鍾範

2002、03
捕 手
谷繁元信

2004～06
内野手
川相昌弘

2007～09
外野手
李 炳圭

2010
外野手
セサル

2011
内野手
佐伯貴弘

2012、13
内野手
山﨑武司

2014～
内野手
森野将彦

背番号7の系譜

1936
捕手
鈴木秀雄

1937春～38秋
投手
森井　茂

1939、40
内野手
天野竹一

1942、43、47、49
投手、内野手
野口正明

1949、50
投手
沖　実郎

1950～52
内野手
松本和雄

1953～57
外野手
山崎善平

1958～61
外野手
森　徹

1962
捕手
中村武敏

1962
外野手
ドビー

1963～70
内野手、外野手
伊藤竜彦

1971～78
捕手
新宅洋志

1979～92
内野手
宇野　勝

1993
内野手
ジャコビー

1993
外野手
ステアーズ

1994
外野手
横田真之

Player's Number
Stories

服部受弘

リストラで生まれた永久欠番　昭和の二刀流
投手で112勝、打者では本塁打王

永久欠番「10」と言えば服部受弘《つぐひろ》さん（1920～91年）だ。殿堂入りを果たせておらず、一般的に知名度が低いかもしれないが、草創期の球団を支え、投手と打者の二刀流で活躍。「15」を背負った初代ミスタードラゴンズの故西沢道夫さんとともに1958年に永久欠番に指定された。あらためて服部さんの功績をたどる。

引退試合でファンに手を振る服部受弘＝1960年3月20日

服部受弘（はっとり・つぐひろ）
1920（大正9）年1月23日、愛知県岡崎市生まれ。右投げ右打ち。旧制岡崎中（現岡崎高）を卒業し、旧制日大予科在学中の39年に名古屋軍（現中日）に捕手として入団。41年に8本で本塁打王を獲得した。42年から近衛野砲兵として応召。46年に古巣に復帰し、シーズン途中に投手転向。50年まで5年連続2桁勝利を挙げた。現役時代には中堅、遊撃以外の7ポジションの守備を経験。助監督兼任だった58年に現役を引退した。77年の1季だけ中日の2軍監督。91年に71歳で死去。生前は浦和市（現さいたま市）に自宅を構え、4人の子どもに恵まれた。

現役当時のサイン

殿堂入り未だ果たせず

日本プロ野球における永久欠番の数は、現時点で16。うち殿堂入りを果たせていないのは、球団ファンの番号としている楽天の「10」を除けば、腸チフスで急逝した巨人の「4」黒沢俊夫。そして、中日で「10」を背負った服部受弘だけだ。

ハットリ・ツグヒロ――。その名前がいまひとつピンと来ないのは致し方ない。引退したのは半世紀以上も前。しかも実働15年で投手として通算112勝。打撃では1度だけ本塁打王になったものの、通算33本塁打で447安打。永久欠番になったのが不思議なくらい平凡な成績なのだ。

1941年　8本でキング

まずは服部の足跡をたどりたい。1920（大正9）年、愛知県岡崎市生まれで旧制岡崎中（現岡崎高）の出身。日大在学中の39年に捕手として入団した。愛称は「ハッちゃん」。入団3年目の41年に本塁打王になったときの本数はわずか8（年間84試合）だった。

少なかったのには理由がある。戦時統制で物資不足が進み、ボールは代用糸を使ったブヨブヨの粗悪品。打球が飛ばなかったのだ。打撃の神様と呼ばれた巨人の川上哲治ですら、4本塁打しか打てなかったのだから、破格のパンチ力だった。

その年を最後に応召し、近衛師団に所属。幸いにも戦地への赴任はなく、プロ野球が再開された46年に球団に復帰を果たした。投手に転向したのはその年のシーズン途中。転機になったのは6月10日の阪急戦（後楽園）だ。その試合で捕手を務めたが、7回の守備で凡ミスをした。背後への飛球がバックネットを越えると思い、打球を追わなかったのだ。するとボールは風に押し戻されてファウルグラウンドにポトリ。85年発行の球団50年史で、服部自身は「ベンチを飛び出した竹内愛一監督が『服部ッ！　おまえは捕手をクビだ！』。ツルの一声というヤツだね」と回想している。

捕手クビ投手　初登板完投勝

指揮官にとっては渡りに船だった。終戦直後で投手の頭数が足りず、鉄砲肩を誇っていた服部に頼らざるを得なかったのだ。それを証拠に初登板は、その12日後のパシフィック戦（後楽園）。急造投手ながら見事に完投勝利を収めた。

その後は5年連続で2桁勝利をマーク。タイトルには届かなかったものの、49年には24勝、50年には21勝を挙げた。打撃に定評があり、二刀流としても活躍。52年8月2日の巨人戦（中日球場）では6回に代打で逆転満塁弾を放ち、そのまま7回から救援登板。勝利投手になった。

永久欠番の内情

永久欠番に決まったのは引退した58年のオフ。球団の大リストラが引き金になった。その内情を最も詳しく知る男がいる。球界の長老で「フォークボールの神様」の異名を取る元エースの杉下茂だ。

「シーズンが終わると、球団が給料の高い30歳以上の選手のクビを切ってしまったんだよ。経費節減というやつでね」

整理対象の選手には、助監督を兼任していた38歳の服部と、リーダー格だった37歳の西沢道夫も含まれていた。当時33歳だった杉下も該当者。球団からは現役を退く代わりに監督になるよう命じられていた。功労者でもある3人を納得させるための妥協策――。それが永久欠番だった。

「僕も現役にこだわっていたから監督を引き受ける条件を出した。それが（服部さんの）『10』と（西沢さんの）『15』を欠番にすることだった。自分の『20』も欠番にすると言われたが、中日にいる間は数字を変えたくなかったので、監督でも『20』で通した」

2軍監督時代のユニホームを広げる長男の服部昌弘さん㊧と妻香代子さん＝大津市の自宅で（筆者撮影）

たった8行の新聞記事で

服部の永久欠番が決まったのは、杉下の指揮官就任が発表された58年12月10日。翌日付の中日スポーツ1面は杉下の話題が紙面を割き、服部の記事は「西沢道夫選手の背番号15を永久欠番とし、その功績に報いたが、十日の首脳陣発表で、現役から退いて球団参与となった服部受弘選手（助監督）の背番号10も功労をたたえるため永久欠番とすることに決定した」。わずか8行の短信で報じられただけだった。

現役中は故障知らずで「鉄人」の異名を取った。アイシングの概念もなかった時代で、酒を飲めば、疲れが取れると信じていたのだから恐れ入る。当時は青バットの大下弘（西鉄など）、青田昇（巨人など）とともに酒豪3傑に数えられていた。大津市内に住む長男の昌弘さんは「父は野球一筋だったけど、大酒飲みだった。登板前日もがぶ飲みしてフラフラになりながら投げていたと本人から聞いた」と苦笑いした。

服部は91年に71歳で死去。東京都新宿区の法雲寺内にある墓には「受球院釈弘道」の法名とともに「元中日ドラゴンズ捕手　永久欠番十番」と刻まれている。

墓石にも「永久欠番　十番」と刻まれている＝東京都新宿区の法雲寺で（筆者撮影）

服部は殿堂入りの競技者表彰で82、89〜91年と候補になったが、いずれも規定の得票数に満たなかった。92年には特別表彰の候補者になるも、こちらも得票数が足りなかった。ただし、特別表彰と２００７年に競技者表彰に新設されたエキスパート部門は対象範囲が広いため、今後も選出される可能性を残している。

スライダーの先駆者　7ポジション守った

服部には知られざるエピソードが多い。

①元阪急

中日一筋にみられがちだが、終戦直後に3カ月だけ阪急に所属していた。復員後の45年秋に阪急のオーナーに誘われ、同年10月から同球団の練習に参加した。夕刊紙名古屋タイムズ（現在は休刊）で75年に連載された「ＣＤ40年の野球ドラマ」では「三カ月くらい西宮球場で阪急のユニホームを着て一生懸命練習した」と激白。契約金ももらっていたが、その後に古巣の中部日本（現中日）が知るところとなり、連れ戻された。

②実はスライダーの元祖？

日本で初めてスライダーを投げたのは49年の藤本英雄（当時巨人）とされるが、服部の方が先駆者だった。習得したのは47年で2年も早い。本人が「小さなカーブ」と呼んでいたため、なじみが薄かった。同連載には「コーチ制度がない時代で一人で黙々と投げていた。偶然にもスライダーを発見して実戦で使ったところ見事に成功した」と答えている（元祖説はほかにも複数ある）。

③万能野手

プロ野球では中堅、遊撃を除く7ポジションの守備に就いた万能選手だった。度重なる内紛で退団者が続出したこともあり、選手の故障などで穴の空いた守備位置を任された。ちなみにプロ野球での全ポジション出場は74年の高橋博士（当時日本ハム）、２０００年の五十嵐章人（同オリックス）の２人だけ。

【参考文献】
名古屋タイムズ連載『CD40年の野球ドラマ』（1975年）、『中日ドラゴンズ50年史』（85年）

■服部受弘の年度別打撃成績

年	所属	背番号	試合	打数	安打	本塁打	打点	盗塁	打率
39	名古屋	10	68	165	34	3	11	7	.206
40			37	82	9	0	4	2	.110
41			77	278	54	**8**	27	3	.194
46	中部日本		76	180	49	2	19	5	.272
47	中日		48	105	18	2	9	5	.171
48			97	227	63	2	21	7	.278
49			81	160	50	6	25	3	.313
50			63	120	33	0	18	9	.275
51	名古屋		89	287	78	6	28	10	.272
52			77	116	32	4	31	7	.276
53			55	54	9	0	4	2	.167
54	中日		37	49	11	0	6	1	.224
55			38	35	6	0	5	0	.171
57			10	7	1	0	0	0	.143
58			2	2	0	0	0	0	.000
計			855	1867	447	33	208	61	.239

【注】太字はタイトル

■服部受弘の年度別投手成績

年	所属	試合	勝数	敗数	投球回	奪三振	防御率
46	中部日本	37	14	7	204	76	3.75
47	中日	39	16	12	247⅓	71	1.81
48		44	16	19	302	104	2.59
49		44	24	10	290⅔	105	3.00
50		41	21	7	238⅓	101	2.94
51	名古屋	5	2	2	35⅔	9	4.00
52		23	13	1	139⅔	37	2.57
53		8	0	3	31	6	4.06
54	中日	17	6	3	85⅔	30	2.51
55		1	0	1	2	1	4.50
計		259	112	65	1576⅓	540	2.81

■プロ野球の永久欠番

球団	背番号	名前	活動期間	殿堂入り
中日	10	服部 受弘	1939~41、46~55、57、58	—
	15	西沢 道夫	1937~43、46~58	1977
巨人	1	王 貞治	1959~80	1994
	3	長嶋 茂雄	1958~74	1988
	4	黒沢 俊夫	1936~41、43、44、46、47	—
	14	沢村 栄治	1934~37、40、41、43	※1959
	16	川上 哲治	1938~42、46~58	1965
	34	金田 正一	1950~69	1988
阪神	10	藤村富美男	1936~38、43~56、58	1974
	11	村山 実	1959~72	1993
	23	吉田 義男	1953~69	1992
広島	3	衣笠 祥雄	1965~87	1996
	8	山本 浩二	1969~86	2008
日本ハム	100	大社 義規	初代球団オーナー	※2009
西武	24	稲尾 和久	1956~69	1993
楽天	10	イーグルスファン	—	—

【注】消滅した永久欠番は除く。活動期間は他球団も含む
※印は特別表彰

もう一つの永久欠番「15」西沢道夫も二刀流

もう一つの永久欠番が「15」の西沢道夫だ。東京生まれで球団創設時の１９３６年に入団。42年7月18日の阪急戦（後楽園）では史上９人目の無安打無得点試合を達成した。

戦後は一時、金星に所属したが、古巣に復帰してからは野手に専念。52年には首位打者と打点王の2冠に輝いた。58年に引退。実働20年で通算１７１７安打、２１２本塁打、９４０打点。投手では通算60勝65敗を記録した。77年に殿堂入りした直後に56歳の若さで急死。墓は東京都八王子市の東京霊園内にあり、墓石の脇には「冬枯れの道を―」で始まる詩碑が建立されている。

監督時代の西沢道夫＝1966年8月7日

Dragons

背番号10の系譜

1936
内野手
岩田次男

1937春～38秋
捕　手
鈴木秀雄

1939～41
捕　手

1946～58
投手、コーチなど

1977
2軍監督
服部受弘

1958
永久欠番

Player's Number
Stories

落合英二

わずか10分　幻の背番号「12」
「12」の先輩、高橋コーチが〝魔の番号〟変更直訴

背番号「12」。救援投手として活躍した落合英二さんは、プロ3年目の春季キャンプ中に3種類の背番号を立て続けに身にまとった。本人の証言によると「12」を着用したのはキャンプ初日の練習前のみで、時間にしてわずか10分。まさに幻の背番号だった。

「12」の悪いイメージを田島慎二に払拭してほしいと話す落合英二（筆者撮影）

落合英二（おちあい・えいじ）
1969（昭和44）年7月25日生まれ、栃木県石橋町（現下野市）出身。右投げ右打ち。作新学院高（栃木）、日大を経てドラフト1位で92年に中日入団。プロ2年目の93年に1軍デビューし、98年に最優秀中継ぎ投手のタイトルを獲得した。2006年に現役引退。通算成績は37勝45敗24セーブ。10年から3年間は韓国・サムスンで投手コーチ。2015年からロッテの投手コーチ。

落合英二のサイン

キャンプ中　2回チェンジ

誰かに譲ったため、今は手元にない。しかし、落合英二の自宅には「12」をまとった幻のユニホームが確かにあった。

「僕にとって『12』は幻。つけたことになるかどうかも分からないくらい。おそらく10分ぐらいしか着なかったと思う」

これほど背番号で振り回された男はいない。1994年の春季キャンプ中に、3種類の数字を背負ったのだから――。しかも前年の秋季キャンプを含めると、2カ月余りで4種類を着用。猫の目のように数字が変遷した。

きっかけは新外国人の加入にあった。入団から2年間は「19」でプレーしたものの、93年12月に球団がヤンキースに所属した現役大リーガーのディオン・ジェームズと契約。その際に古巣の背番号「19」を希望したことから、落合は空き番となっていた「12」への変更を余儀なくされた。それまでは10試合で1勝1敗。文句が言える立場にはなかった。

新たな背番号で心機一転を図ろうとする矢先。事件は起きた。キャンプイン2日前。滞在先の宿舎に真っさらのユニホームが届けられた。広げてみると背

「19」1992、93年

「70」1994年

「71」1994年

「25」1995年

「26」1996～2006年

中に「70」が染め抜かれていたのだ。

「『70』は『来年（95年）からお願いします』と言っていた番号。びっくりした」。本人の記憶によると「12」のユニホームも用意されてあり、キャンプ初日は両方に袖を通した。いきさつは不明ながら、宿舎でまず「12」で選手名鑑用写真の撮影に応じ、その後に「70」に着替えて練習をスタート。結局「12」がグラウンドで日の目を見ることはなかった。

仕掛け人は当時の高橋三千丈投手コーチだった。キャンプ前に「中日の『12』は故障の番号で良くない。英二がまた肘痛でも再発したら大変」と球団に背番号変更を強く訴えていた。実は、同コーチは中日の投手として「12」をつけた先輩で、現役時代に右腕の血行障害を患い、在籍6年で現役を引退。通算6勝6敗2セーブの成績しか残すことができなかった。

一方の落合は日大4年時に右肘骨折の重傷を負い、プロ1年目に患部にサファイアを埋め込む大手術を受けていた。変更劇の裏に潜んでいたのは、自分の二の舞いを演じてほしくないとの高橋コーチの親心にほかならない。落合も「こうしていただいたのは、高橋さんに『12』への強い愛着があったからこそだと思う」と胸を熱くした。

ところが次の「70」も超短命に終わる。キャンプ7日目に「71」への再変更が球団から発表された。当時の高木守道監督が「どうも不釣り合い。投手らしくない。（下1桁は）ゼロより自分のつけていた『1』の方がいい」とコーチ会議に諮り、鶴の一声で決まった。

ようやく安住の数字「26」

その年は「71」で開幕を迎え、登板27試合で2勝1セーブをマーク。いっぱしの投手として活躍の場が増えたが、本人の意思とは裏腹に背番号の流転は続いた。オフの契約更改で「25」への変更を急に通達されると、その1年後に、今度は「26」に変更。現役時代に同一球団で6種類の数字を背負うことになった。

「26」はようやく安住の数字となった。そこからセットアッパーとして1軍に定着。1球勝利、1球セーブ、1球ホールド、1球敗戦と数々の1球記録も残した。さらに、2003年6月26日のヤクルト戦（神宮）では、リリーフを告げられてマウンドに上がった後に降雨中断し、そのままコールドゲームに。「0球登板」という珍記録まで打ち立てた。紆《う》余《よ》曲折はあったが「26」の期間は現役15年間のうち11年にも及んだ。

「背番号には魔力がある。その球団の歴史が数字に乗り移っている。選手の間では口にしないが『12』は良いイメージがない番号になっている」と落合は嘆くが、その一方で「だから、誰かにそれを払拭《ふっしょく》してもらいたい。今つけている選手には頑張ってもらって、イメージを変えてほしい」。現在つけている田島慎二だけでなく、未来に「12」を譲り受ける後輩たちにエールを送り続ける。

DATA of Player's Number 12

■落合英二の年度別投手成績

年	背番号	試合	勝数	敗数	セーブ	投球回	被安打	奪三振	与四死	失点	自責点	防御率
92	19	1軍登板なし										
93		10	1	1	0	$9\frac{1}{3}$	5	7	5	2	2	1.93
94	71	27	2	1	1	34	35	23	15	13	12	3.18
95	25	30	3	9	2	$96\frac{1}{3}$	119	47	19	54	51	4.76
96	26	24	4	6	1	$96\frac{1}{3}$	98	61	31	49	40	3.74
97		19	4	7	0	$66\frac{1}{3}$	66	52	9	33	27	3.66
98		55	4	6	5	$73\frac{1}{3}$	81	36	12	29	23	2.82
99		56	5	4	2	$51\frac{2}{3}$	43	27	11	17	16	2.79
00		21	0	2	0	$19\frac{2}{3}$	20	18	7	7	6	2.75
01		45	0	3	2	$41\frac{2}{3}$	41	19	12	14	8	1.73
02		37	1	2	0	$34\frac{1}{3}$	27	21	10	12	10	2.62
03		61	7	0	1	56	53	35	5	11	11	1.77
04		42	4	3	10	44	46	17	12	12	12	2.45
05		31	2	1	0	$47\frac{2}{3}$	64	27	11	26	25	4.72
06		5	0	0	0	$4\frac{1}{3}$	6	3	2	4	4	8.31
計		463	37	45	24	675	704	393	161	283	247	3.29

【注】94年はキャンプ中のみ背番号12と70を着用

■現役時に中日で5種類以上の背番号をつけた主な選手

回	選手名(位置)	現役で在籍した年	着用した背番号
7	本多逸郎(投、外)	1950～61、64、65	36、41、9、1、31、70、35
6	落合英二(投)	1992～2006	19、12、70、71、25、26
5	西沢道夫(投、内)	1937～43、46、49～58	0、14、5、17、15
5	渡部　司(投)	1970～79	20、22、49、57、99
5	森野将彦(内)	1997～	7、8、16、30、31

本多逸郎が7種類

現役時代に中日で最も多い種類の背番号をつけたのは投手、外野手として活躍した本多逸郎で7種類。美男子で知られ、1954年にはチームのリーグ初優勝、日本一に貢献した。

井手峻　史上2人目東大出身投手 〝第1号〟新治《にいはり》と投げ合いプロ初勝利

史上2人目の東大出身投手として話題になったのが井手峻だ。1966年11月の第2次ドラフト（この年は2度実施）で中日に3位指名されたが、まさに寝耳に水だった。既に三菱商事への入社が内定していたからだ。

「ノンプロで野球を続けようとは考えていなかった。球団から何の話もなかったので、指名されるとは思ってもいなかった」。就職活動の手助けをしてくれたOBらの手前もあり、進路に悩んだ。それでも「（仕事が）野球だけでいいということだったので」。迷いに迷った末にプロ入りを決意。「12」は、契約の際に当時の田村スカウト部長から告げられた。

プロ唯一の勝利は1年目の67年。同年9月10日の大洋戦（中日球場）で4回途中から2番手で登板。5イニング2/3を3安打4三振の2失点で白星がついた。その試合では東大卒第1号の新治《にいはり》伸治とも投げ合った。最高学府出身の投手が同じ試合で投げたのは、後にも先にもこの試合だけだ。

「先発で勝てそうな試合もあったが、球が遅くてダメだったね」。4年目に外野手に転向。背番号も「36」に変更した。76年に引退後はコーチや2軍監督を務め、87年にフロント入り。球団代表などを務めた。

井手、新治のほかに東大からは小林至（ロッテ）、遠藤良平（日本ハム）、松家卓弘（横浜、日本ハム）がプロに進んだ。いずれも投手だ。リーグワーストの76連敗で春季リーグを終えた母校に対しては「僕のときはリーグ5位になった。とにかく投手が快投しないことには」と活を入れた。

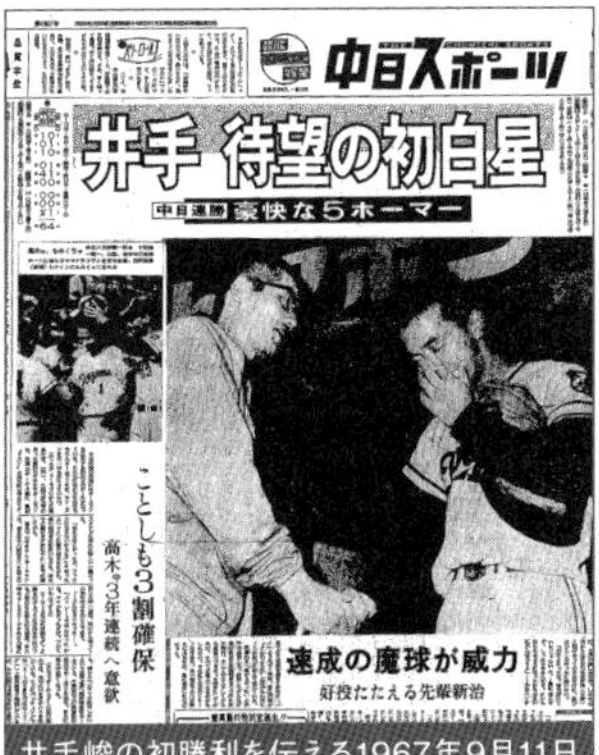

井手峻の初勝利を伝える1967年9月11日付中日スポーツ1面

自分の番号にする

田島慎二

現在「12」を背負うのがプロ4年目の救援右腕、田島慎二投手だ。入団時は「45」をつけていたが「2013年オフの契約更改で球団から『12』に変わると言われた。僕は『はい』と答えただけ」と話した。

歴代メンバーで最も長く「12」をつけていたのは、丸7シーズンの岡本真也（2001～07年）ら3人。この数字のまま活躍すれば、田島が代表格として認知される可能性は大。「もちろん、そうなればいい」と自信たっぷりだ。

「つけなくて正解」

高橋三千丈

落合の背番号変更を球団に訴えた高橋三千丈は「肘が治ったばかりの英二が『12』をつけると聞けば『やめとけや』と言いたくなるのは人情。つけなくて正解だった」と当時を振り返る。

自身は静岡商、明大を経てドラフト1位で1979年に中日に入団。利き腕でもある右腕の血行障害で苦しみだしたのは、プロ1年目が終わった直後だった。「右腕1本が貧血になる感じ。結局は手術はしたけど、指先の感覚は良くはならなかった」。84年に現役を退き、翌年に28歳の若さで中日の2軍投手コーチ補佐に就任した。

背番号12の系譜

1936
内野手
高橋吉雄

1937
内野手
石丸藤吉

1938
内野手
倉本信護

1939
外野手
牧　常一

1940
投　手
鬼頭政一

1941〜43
内野手
石丸藤吉

1946〜52
投　手
星田次郎

1953
捕　手
一柳忠尚

1954
内野手
小沢重光

1954〜60
内野手
岡嶋博治

1961〜63
内野手
河野旭輝

1964
投　手
牧田政彦

1965、66
内野手
浜中祥和

1967〜69
投　手
井手　峻

1970、71
外野手
江島　巧

1972〜78
外野手
飯田幸夫

背番号12の系譜

1979〜84
投手
高橋三千丈

1985
外野手
剱持貴寛

1986〜88
投手
斉藤　学

1989、90
投手
義信※

1991、92
投手
石本貴昭

1993
外野手
横田真之

1994
投手
落合英二

1995〜97
投手
金森隆浩

1998
投手
ジャービス

1999、2000
投手
日笠雅人

2001〜07
投手
岡本真也

2009〜13
投手
清水昭信

2014〜
投手
田島慎二

※登録名「義信」は陳義信

Dragons

Player's Number Stories

近藤真市

伝説のノーヒットノーラン 岩瀬に託した「13」

背番号「13」。現中日投手コーチの近藤真市さんは、高卒1年目の1987年にプロ野球史上初となる初登板ノーヒットノーランを達成し、一世を風靡《ふうび》した。

背番号13のユニホームを手に笑顔の近藤真市投手コーチ

近藤真市（こんどう・しんいち）
1968（昭和43）年9月8日、愛知県一宮市出身。愛知・享栄高から1987年にドラフト1位で中日に入団。93年に登録名を本名の「真一」から「真市」に変更。1年目にプロ野球史上初の初登板ノーヒットノーランを達成。その後は左肩と肘の故障に泣き、実働6年で12勝17敗。94年に現役引退。中日では打撃投手、スカウトなどを経て2003年からコーチ職。

本人のサイン

「記録が重荷」

「もし背番号『1』に関しての取材だったら、お断りしようと思っていた。『1』にはいい思い出がない。何も記憶に残っていない」

取材に応じてくれた近藤は開口一番、このように切り出した。聞くと、自宅には背番号「1」時代の愛用品は一切なく、デビューイヤーに袖を通した「13」のユニホームなどがわずかに残されているだけ。ためらいながらも自身のプロ人生をひもといてくれた。

「最後まで、あの記録が重荷になっていた。1年目のガキがやっちゃいけないような記録。プロはそんなに甘いもんじゃないから」。8月9日の巨人戦（ナゴヤ）。最後の打者は篠塚利夫（現・和典）だった。1ボール2ストライクから内寄りにカーブを投じ、見逃し三振に仕留めた。

「今も鮮明に覚えている。あれは一生に一度しかできない投げ方だった。あの後にあれをしようとしても二度とできなかった」。登板前のキャッチボールでたまたま後ろ向きから投げたところ、「ひねり」を使った理想的な体の動きができていることに気付いた。先発を告げられたのが試合開始2時間前というスクランブル発進ながら、日本中を驚かす一世一代の快挙に結び付けた。

1987年8月9日、最後の打者・篠塚を三振に仕留め、ノーヒットノーランの快挙を達成した近藤＝ナゴヤ球場で

その年は3完封を含む4勝5敗。オフに球団から背番号「1」への変更を指示された。将来を期待されてのことだが、戸惑いもあった。それまで「1」だった藤王康晴は母校・享栄高（愛知）の先輩。「背番号変更は新聞で知った。でも、後輩が奪ったような感じがして…。藤王さんに申し訳ない気持ちでいっぱいだった」と心を痛めた。

「1」から再変更

順風満帆で始まった2年目。飛ぶ鳥を落とす勢いで球宴までに7勝をさらう快進撃を続けたものの、7月に入って左腕が悲鳴を上げた。故障が判明したのだ。そこからがどん底だった。選手生命を絶つまいと、89年に左肩にメスを入れ、91年には左肘の靭帯《じんたい》再建手術を受けた。そして、92年。原点回帰の意味も込めて背番号を元の「13」に戻した。

「昔の番号になって逆にホッとした記憶がある。でも、この背番号をつけて辞めるんだろうなという感覚もあった」。ひと花咲かせたかったが、肩、肘は元通りには戻らなかった。94年、輝きを取り戻せぬまま現役を引退。実働6年で通算12勝17敗だった。

打撃投手を経て96年に中日のスカウトに転身した。そこで運命的な出会いを果たす。愛大から

ノーヒットノーランを達成しガッツポーズする近藤

NTT東海に入社した左腕の岩瀬仁紀だ。「とにかく付きっきり。大学選手権を休んでも岩瀬のところに毎日通った。左の先発で、と考えていたし、それだけ欲しい投手だった。僕も当時は太っていたので、遠くからでも来ていることは分かってくれていたと思う」

二つ返事で快諾

熱視線を送り続けたかいがあり、98年秋のドラフトでは見事に逆指名（2位）で獲得することができた。その時だ。「ちょうど13番が空くので、良かったらつけてくれないか」と本人に打診。二つ返事で快諾を得ることができた。

岩瀬はその後、球界を代表する抑え投手に成長し、昨年は日本人最多セーブ記録を樹立。「背番号は選手の顔。自分が取ってきた選手が背番号を受け継いで、あれだけの記録をつくってくれた。それがうれしい」と笑顔がようやくのぞいた。

2年前。復刻版ユニホームで臨んだ試合後には、背番号「13」のユニホームを岩瀬自身から贈られた。プロへの道先案内人となった恩人への思いが込められていた。

「いずれ岩瀬も背番号を譲る時が来る。今度は誰が受け継いでくれるか。やっぱり自分も『13』の方が思い入れが強いよ」。自身のノーヒットノーランで一瞬だけ光を放った背番号「13」は今、長い時間をかけて刻んだ記録とともにさんぜんと輝いている。

■近藤真市の年度別投手成績

年	背番号	試合	勝数	敗数	セーブ	投球回	被安打	被本打	奪三振	与四球	与死球	暴投	ボーク	失点	自責点	防御率
87	13	11	4	5	0	$58\frac{2}{3}$	47	4	44	27	1	1	0	33	29	4.45
88	1	24	8	7	0	110	90	9	77	46	7	4	1	53	42	3.44
89		1軍登板なし														
90		6	0	4	0	34	32	3	23	9	0	3	0	15	13	3.44
91		4	0	1	0	$5\frac{1}{3}$	4	1	4	6	0	0	0	6	6	10.13
92	13	6	0	0	0	7	11	2	8	2	1	0	0	4	4	5.14
93		1	0	0	0	2	3	0	1	0	0	0	0	0	0	0.00
94		1軍登板なし														
計		52	12	17	0	217	187	19	157	90	9	8	1	111	94	3.90

背面投げで王封じ　小川健太郎

前代未聞の「背面投げ」を披露したのがアンダースローの右腕小川健太郎だ。1969年6月15日、後楽園での巨人戦。3回2死走者なしで、主砲の王貞治に対し、背中越しに右手のスナップを利かせて1球を投じた。

球はワンバウンドすれすれでミットに収まり、判定はボール。反則球まがいの投球だけに、試合前には球審にボークの是非を確認していた。正捕手だった木俣達彦は「小川さんから球審に聞いてこいと言われて。そしたら、どこから投げようが、ルールにはないとの回答だった」と振り返る。

その年の明石キャンプ（兵庫）で秘密兵器を試していた。ブルペンに入ると最後に10球ほど背面投げを練習していた。「王さんにはよく打たれていたので、タイミングを外すのが一番じゃないかと。最初は股の下から投げていたな」と記憶を紡いだ。背面投げは王との対戦だけ。その試合の6回にも投げたほか、8月31日、10月19日の試合でも披露した。

1969年、一本足打法の王のタイミングを外そうと考案された小川健太郎の背面投げ

67年最多勝&沢村賞

小川は福岡県出身で54、55年と東映（現日本ハム）でプレー。いったんはプロの世界から身を退いたが、社会人を経て64年に30歳で中日に入団した。翌年に背番号を「59」から「13」に変更。67年に29勝で最多勝に輝き、沢村賞に選ばれた。

野球人生が暗転したのは70年。オートレースの八百長事件に関与した容疑で逮捕され、永久失格処分を受けた。通算成績95勝66敗。その後はスナック経営を経て不動産会社に勤務。95年10月8日、肝臓がんのため61歳で死去した。

「ここまでやれるとは」

岩瀬仁紀

現在の「13」はプロ野球通算セーブ記録を持つ岩瀬仁紀。NTT東海から1999年にドラフト2位で中日入り。アマチュア時代は球団スカウトとの接触が禁じられていたが、遠くから見守る近藤の姿はすぐに判別できたという。

「スカウトだった当時の近藤コーチは今よりもデカかったね」。当時は恰幅《かっぷく》が良く、それがかえって目立つ存在になっていた。「『13』は近藤コーチがつけていた番号。自分が、ここまでずっとやれるとは夢にも思っていなかった」。球界を代表する大看板となった。

1998年、仮契約でスカウト時代の近藤真市と記念写真におさまる岩瀬仁紀（手前）

剛裕、直倫の父

堂上照

「ジャンボ」の愛称で親しまれたのが堂上照《てらし》。1971年に中日に入団。先発、中継ぎなどで活躍し、35勝49敗7セーブを挙げた。1年目の背番号は「38」。2年目で「13」に変わり、85年に引退するまでその数字を守り続けた。

今では「堂上兄弟の父」の方がむしろ有名だ。長男剛裕は昨年オフに中日から巨人に移籍。次男直倫は中日でプレーを続けている。中日の球団寮長時代には1年だけ親子3人による寮暮らしも経験した。

現在は、名古屋市内にある屋内野球練習場「練成館」の館長として少年らの指導にあたっている。「練成館からプロ選手を輩出するのが目標」と鼻息が荒い。

現役時代の堂上照＝1977年、後楽園球場で

背番号13の系譜

1946
投手
林　直明

1950〜52
内野手
竹本　卓

1954
内野手
小沢重光

1955、56
内野手
小川　滋

1960〜63
投手
加藤力雄

1963
内野手
小淵泰輔

1963、64
内野手
佐野卓郎

1965〜70
投手
小川健太郎

1971
投手
井上幸信

1972〜85
投手
堂上　照

1986
外野手
有賀佳弘

1987
投手
近藤真市

1988〜91
投手
小野和幸

1992〜94
投手
近藤真市

1995
投手
キク（山田喜久夫）

1996、97
投手
平沼定晴

1998
投手
猪俣　隆

1999〜
投手
岩瀬仁紀

Player's Number Stories

今中慎二

「20」への変更断り、「14」ひと筋13年　マサと左のWエース
1993年投手2冠、沢村賞

背番号「14」。左のエースとして一時代を築いた今中慎二さんに焦点を当てる。プロ5年目に投手2冠に輝き、沢村賞にも選ばれるなどチームの屋台骨を支えつつも、故障に泣いて30歳の若さで現役を引退。太く短い選手生命だった。

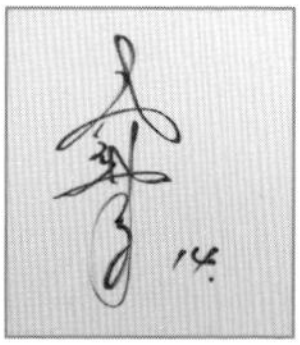

本人のサイン

背番号「14」について語る今中慎二

今中慎二（いまなか・しんじ）
1971（昭和46）年3月6日、大阪府生まれ。左投げ左打ち。大阪桐蔭高から89年にドラフト1位で中日入り。1年目に初勝利。93年に自身初の開幕投手を務め、勝利、奪三振のタイトルを獲得。沢村賞にも選ばれた。その後は左肩の故障に苦しみ、2001年に現役を引退。12、13年と中日の投手コーチを経験し、現在は中日スポーツ評論家。

94年オフに打診

中日のエースナンバー「20」。戦後の球団史をみると空き番となったシーズンが5度もある。1995年もそのうちの一つだ。前年のシーズン終了後、「20」への変更を打診されながら敢然と蹴った男がいる。それが現役生活を「14」で通した今中慎二だ。

「(球団側から)言われたよ。でも、『20』は別にいいと思って。『14』にこだわっているから断ったわけでもない。自分がつけたいと思ったら、つけていたかもしれないが、まず、背番号へのこだわりがなかった」

エースとして「20」を背負ってきた小松辰雄が94年限りで現役を引退。後継者として白羽の矢が立ったのだ。前の年に自身初の開幕投手を務め、勝利、奪三振の2冠を獲得。投手最高栄誉の沢村賞にも選ばれた。94年も13勝。山本昌とのダブル左腕エースで屋台骨を支えたのだから当然の流れと言えよう。

ただし、球団にはある不文律があった。「20」を背負えるのは右投げだけ――。杉下茂、権藤博、星野仙一ら歴代投手はチームの看板選手でいずれも右の本格派なのだ。だから、サウスポーの今中が引き継げば、先例をひっくり返す一大事になったのだが…。

「右でないといけないとか、左ではダメだとか――。そういう歴史的なことは分からない。とにかく

（特別な番号は）該当する人がつければいい。無理やりつける必要もない、と思っていた」。入団時の監督で当時は評論家だった星野にも辞退する旨を告げ、球団側の打診を丁重に断った。

宙に浮いた「20」。結局、95年は誰もつけず、星野が中日の監督に復帰した96年に韓国球界屈指の抑え右腕、宣銅烈《ソンドンヨル》に受け継がれた。それ以降につけた川崎憲次郎、中田賢一（現ソフトバンク）、野村亮介のいずれも右投げだ。

今中は大阪桐蔭高から89年のドラフト1位で入団したが、高校時代から背番号に固執するタイプではなかった。「ウチの高校は『10』『15』がエースのときもあったし、背番号は、こうじゃなきゃ、というこだわりが自分になかった」。入団の際に提示されたのは「12」と「14」。「『どっちにする』と言われたから選んだだけ。当時は近鉄の阿波野（秀幸）さんがつけていたから、『14』で、ということになった」と思い起こした。

1994年の今中慎二の投球

いわく付きの「14」

「14」は球界ではいわく付きといわれる。活躍を期待されながら短命に終わった選手が目立つのだ。戦前にプレーした初代「14」の前田喜代士（外野手、当時名古屋軍）や、沢村賞にその名が残る巨人の沢村栄治は応召後に20代で戦死。中日の先輩・板東英二（現タレント）は夏の甲子園で前人未到の大会83三振を奪ったが、プロでは77勝止まりで29歳で引退した。75年に新人王に輝いた阪急の山口高志も実働はたったの8年。炎のストッパーとして知られた広島の津田恒実は脳腫瘍のため32歳で他界した。

今中も絶頂期の94年を境に左肩の状態が徐々に悪化していった。リーグVを懸けた巨人との最終戦「10・8決戦」（ナゴヤ球場）にも先発したが、8月末から9月上旬にかけて肩の不調で出場選手登録を抹消された期間があり、完調ではなかった（結果は黒星）。

左肩痛苦しんだ

96年には4年連続で開幕投手を務め、4年連続2桁勝利を記録するも左肩痛で戦線を一時離脱。97年以降は痛みと格闘する毎日が続いた。2001年に引退するまでの5年間の勝ち星はわずか4。

エースとして一時代を築きながら通算91勝にとどまった。心機一転を図るべく、別の背番号に変えることもなかった。

「1軍で通用する投球ができないんだから身を引くしかない。短命でもいいよ。最後に10勝して終わりたかったが、長くネチネチやるのは性分に合わない」。ユニホームを脱いだのは30歳のとき。あまりに早すぎる引き際だった。

■今中慎二の年度別投手成績

年	背番号	試合	勝数	敗数	セーブ	投球回	被安打	奪三振	与四死	失点	自責点	防御率
89		10	1	4	0	40⅔	71	30	17	32	31	6.86
90		31	10	6	1	144⅔	169	85	58	67	62	3.86
91		36	12	13	0	193	192	167	62	66	54	2.52
92		11	8	2	0	76⅓	52	66	19	17	15	1.77
93		31	**17**	7	1	249	183	**247**	61	67	61	2.20
94		28	13	9	3	197	166	156	42	68	63	2.88
95	14	25	12	9	0	189	178	150	45	72	69	3.29
96		25	14	8	0	179⅔	175	153	58	75	66	3.31
97		10	2	2	0	44⅔	42	18	22	23	20	4.03
98		14	2	8	0	62⅓	64	50	29	41	37	5.34
99		5	0	1	0	8	11	6	2	7	7	7.88
00		1軍登板なし										
01		7	0	0	0	11	12	1	6	4	4	3.27
計		233	91	69	5	1395⅓	1315	1129	421	539	489	3.15

【注】太字はタイトル

広島遠征時に味わったお好み焼きを第二の人生に
82年ドラフト1位　尾上旭

引退とともに畑違いの第二の人生をスタートさせる選手は少なくない。1982年にドラフト1位で入団した尾上旭もそうだ。現在は千葉県銚子市でお好み焼き店「広島焼　おのうえ」を営み、今年で開店20周年を迎えた。

「お好み焼きを食べるのが大好きで、広島に遠征に行くと必ず行く店があった。作るのを覚えたら、引退後も店を出して食っていけるかなと真剣に考えていた」

道筋をつけてくれたのは星野仙一元中日監督だ。尾上は87年オフにトレードで近鉄に移り、91年に引退。それからは一時、横浜で会社勤めをしていた。すると星野から東京・茅場町のお好み焼き店を紹介され、一念発起。1年半にわたって修業し、念願の自分の店を開くことができた。

「潮時と感じ『広島焼を覚えて田舎に帰ろうと思っている』と星野監督に相談したら、すぐに近鉄に出された。でも、それで（野球を）もう1度頑張ろうという気になった。感謝です」。監督、選手の間柄は87年だけながら、開店の際には星野から祝いの大きな花が届いた。今もひとかたならぬ恩義を感じている。

入団直後は順風満帆だった。千葉県出身で銚子商、中大をへて中日入り。右打ちの即戦力内野手として1年目から1軍に定着し、82年4月7日の阪神戦（ナゴヤ球場）では初打席初安打初打点をマークした。が、

手際よくお好み焼きを作る尾上旭＝「広島焼 おのうえ」で（筆者撮影）

その後は芽が出なかった。

「元『14』の谷沢（健一）さんから、その番号は大成しないぞ、と言われた覚えがある。その時は気にしなかったんだけどね」。入団4年目の85年。西武に放出された田尾安志から「2」を引き継いだが、レギュラーの壁はなおも厚く、控え野手に甘んじた。

近鉄時代を含めたプロ10年間の通算成績は362試合で77安打、5本塁打、33打点。今は鉄板の上がホームグラウンドだ。

一番良い番号　朝倉健太

2006年から「14」を背負ってきたのが朝倉健太投手だ。東邦高（愛知）からドラフト1位で2000年に入団したときは、球団では出世番号といわれる「41」。4年目のオフに格式高い「18」を手にした。06年に球団の意向で「14」に変わったが、その年には2度目の2桁勝利となる13勝を挙げ、球宴にも出場。大ブレークのシーズンとなった。今季限りで現役引退。「あの年の気持ちを今も大事にしている。『14』は今中（慎二）さんがつけていたし、僕の中でも一番良い番号」と話した。

背番号14の系譜

1936
外野手
前田喜代士

1937
投手
西沢道夫

1937
外野手
高木 茂

1938、39
投手
繁里 栄

1946～50
投手
清水秀雄

1951～56
投手、内野手
児玉利一

1957、58
内野手
日野美澄

1959、60
内野手
前田益穂

1961、62
投手
板東英二

1963、64
内野手
柳川福三

1965～69
投手
板東英二

1970～75
外野手、内野手
谷沢健一

1977～80
内野手
神垣雅行

1981
外野手
スパイクス

1982～84
内野手
尾上 旭

1985、86
投手
杉本 正

1987、88
外野手
蓬莱昭彦

1989～2001
投手
今中慎二

2002～05
投手
平松一宏

2006～15
投手
朝倉健太

Dragons

Player's Number Stories

村松幸雄

3年で38勝「沢村2世」 24歳… 戦地に散ったエース

戦後70年にちなみ、戦前にエースとして「18」をつけた村松幸雄投手を追いかける。前身の名古屋軍で3年間プレー。グアム島で戦死し、24歳の生涯を閉じた。才能が惜しまれ、その背番号は戦後の一時期まで欠番だった。

名古屋軍時代の村松幸雄（村松家提供）

村松幸雄（むらまつ・ゆきお）
1920（大正9）年3月6日、静岡県藤枝町（現藤枝市）生まれ。右投げ右打ち。掛川中（現掛川西高）を経て39年に名古屋軍（中日）に投手として入団。デビュー戦で完封勝利を挙げるなどエースとして活躍し、2年目の40年には21勝をマークした。実働3年。42年に応召。24歳だった44年7月、グアム島で戦死した。

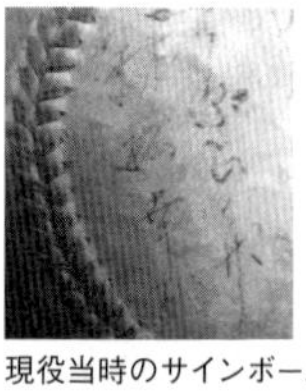
現役当時のサインボール

32－0　学校校庭で追善供養試合

「32－0」。戦後間もない１９４７（昭和22）年2月10日、中日（当時は中部日本）はこんな大味な試合をやってのけた。ただし、相手は素人チーム。しかも試合は学校の校庭で。球団にも当時の記録が残っておらず、幻のゲームだ。

「32点も取られた。投げる球がないんだよ。中日の選手はボール球を振らんもんで。ストライクの球をボンボン打たれた」。その試合に先発登板した静岡県藤枝市の古老、小山儀助さんは、当時のスコアブックをひもときながら懐かしそうに振り返る。

この試合は戦死した同市（当時は藤枝町）出身の元同僚・村松幸雄の追善供養を目的に開かれた。中日は同年2月1日から隣の島田町（現島田市）にある横井球場（現島田球場）でキャンプを張っていた。そこから村松の墓参を兼ねてわざわざ遠征に来たのだ。

対戦相手は地元社会人チーム「藤枝倶楽部」。小山さんは村松の幼なじみで、村松の実兄、慶二さん（故人）も三塁手として出場した。試合に使われたのは村松の生家に近い旧制志太中（現藤枝東高）の校庭だった。

1947年の中部日本ー藤枝倶楽部の試合記録が残るスコアブックを開く小山儀助さん（筆者撮影）

中日も、後に本塁打王などに輝く小鶴誠や永久欠番「10」の服部受弘らベストメンバーで臨んだ。多少の手加減はあったかもしれないが、それでも7本塁打31安打と容赦なかった。プロが素人チームを相手に試合を開くのは今では考えられないが、村松がそれだけ選手から愛される存在だった証しでもある。

掛川中で甲子園

小山さんも「ユキ（幸雄）さんは小学生の時から体が大きくて大人と試合をしていた。プロでも『沢村2世』と呼ばれていた」と目を細めた。

村松は名古屋軍時代の39年に入団した。掛川中（現掛川西高）で甲子園出場を果たし、当初は慶大への進学を考えていた。

ところが、苦しかった実家の家計を支えるため、当時は「職業野球」と呼ばれ、東京六大学野球よりも人気がなかったプロへ進む道を選んだ。

背番号は当時からエース投手の代名詞になっていた「18」。176センチの上背で制球力もあり、1年目から即戦力だった。

戦前の名古屋軍の集合写真。後列左から2人目が村松幸雄（村松家提供）

追善試合（1947年2月10日・志太中グラウンド）

藤枝倶楽部	0 0 0 0 0 0 0 0 0	0
中部日本	8 7 1 4 2 3 2 5 X	32

（藤）小山－小柳　（中）井上、服部－藤原
本塁打＝小鶴、岩本③、三村、笠石、井上（中）

デビュー戦完封

同年3月31日に東京・後楽園球場で開かれたセネタース戦で先発としてデビューすると、相手打線を5安打に抑え、完封勝利を収めた。その年は5勝。2年目は開幕投手を務めて21勝を挙げ、リーグ5位の防御率1・52をマークした。3年目も12勝を記録した。

プロで投げつつ、日大の夜間部にも籍を置いた。大学生は満26歳まで兵役が免除されていたため球団の意向で名目だけ学生の身分を得ていた。授業には一切顔を出さなかったという。ちなみに球団事務所も合宿所も東京にあった。試合は東京、大阪が中心。交通機関が発達していない時代で名古屋に本拠地を置けなかったのだ。

実家に保管されている村松幸雄自らが作成したスクラップ（筆者撮影）

戦局悪化… 応召

人生は暗転する。41年10月、戦局悪化に伴い、修業年限の短縮に関する臨時措置法が公布され、41年12月の繰り上げ卒業が決定。応召が決まった。プロ最後の登板は同年暮れの東西対抗戦。その時の寄せ書き代わりのサインボールが生家に残っている（104頁写真）。

一時は欠番扱い

球団は村松の応召後、「18」を欠番扱いにした。戦地から必ず戻ると信じ、エースの番号を誰にも継がせなかった。

しかし、復員はかなわなかった。村松は少尉として歩兵第38連隊に配属され、旧満州（中国東北部）を経て44年にグアム島に従軍。同年7月25日、密林で水くみ中に米兵に機銃弾で狙撃され、24歳の若さで戦死した。残留日本兵として話題になった故横井庄一さんとは同じ連隊だった。

墓は生家から目と鼻の先の了善寺（静岡県藤枝市）にある。遺骨は返ってこなかったため、骨つぼには「へその緒」が納められた。

戦後も中日の関係者が毎年のように墓参に訪れた。村松在籍時に監督だった小西得郎（77年に死去）も頻繁に足を運んだ1人。生家で洋装店を営む、めいの村松咲子さんには「ユキが生きていたら、頭が良かったので必ず名監督になっていただろう」との言葉を残している。

9年ぶりに中日に「18」が復活したのは1950年。着用することになった投手の三富恒雄は、球団から遺族の了解を得るよう指示され、わざわざ生家まで足を運び、仏壇と墓に線香を手向けた。それだけ偉大な番号だった。

【参考文献】『戦場に散ったエース 投手・村松幸雄の生涯』（進藤昭、同時代社）

DATA of Player's Number 18

■村松幸雄の年度別投手成績

年	背番号	試合	勝数	敗数	投球回	被安打	被本打	奪三振	与四死	失点	自責点	防御率
39	18	10	5	3	70	45	3	23	25	16	8	1.03
40		51	21	13	$296\frac{2}{3}$	240	5	64	73	78	50	1.52
41		28	12	10	$210\frac{2}{3}$	130	1	61	51	33	23	0.98
計		89	38	26	$577\frac{1}{3}$	415	9	148	149	127	81	1.26

名古屋軍出身の戦死者は8人

東京ドームそばには鎮魂の碑が建っている。日中戦争や第二次世界大戦などで戦死したプロ野球選手の功績を記念して1981年に建立されたもので73人の名前が刻まれている。そのうち名古屋軍出身は村松を含めて8人。

プロ野球出身の戦死者73人の名前が刻まれる鎮魂の碑。右下には村松の名も（筆者撮影）

石丸進一（いしまる・しんいち）
佐賀県出身。41年、投手で入団。在籍3年で通算37勝。43年の大和軍戦で無安打無得点試合。背番号「26」。45年に神風特攻隊員として沖縄洋上で戦死。

戒能朶一（かいのう・だいち）
広島県出身。38年、内野手で入団。在籍3年で45試合に出場。背番号「1」。戦没年不明。旧制広陵中（現広陵高）時代の35年、センバツ準優勝。

後藤正（ごとう・ただし）
36年、内野手で入団。在籍1年で34試合に出場。背番号「24」。37年に日中戦争に従軍。旧満州（中国東北部）で戦死。プロ野球選手で初の戦死者といわれる。

白木一二（しらき・かずじ）
兵庫県出身。37年、外野手で入団。在籍2年で150試合に出場。元4番打者。背番号「21」「5」。44年に戦死したと伝わる。国学大卒。

中村三郎（なかむら・さぶろう）
長野県出身。大東京、ライオンで内野手を務め、39年に移籍。プロ4年間で276試合に出場。背番号「16」。途中で投手。ノモンハンで戦死。

前田喜代士（まえだ・きよし）
福井県出身。36年、外野手で入団。在籍2年で85試合に出場。背番号「14」「4」。38年に中国で戦死。36年秋に公式戦史上初の代打本塁打をマーク。

村瀬一三（むらせ・いちぞう）
愛知県出身。亨栄商（現亨栄高）を経て38年、内野手で入団。41年に阪神移籍。プロ4年間で301試合に出場。背番号「8」。戦没年不明。

同じ静岡県出身鈴木翔太が現在の「18」

現在の「18」は高卒2年目の鈴木翔太投手。生まれは浜松市浜北区。村松と同じ静岡県出身だ。球界ではエースナンバーとして浸透している数字を背負うだけに「まだこの番号に似合う選手にはなれていないので、もっと頑張って似合うようにならないと」と重みをあらためてかみしめた。

1年目は1軍で5試合に登板。プロ入り初先発を務めた7月4日の巨人戦（ナゴヤドーム）では勝敗はつかなかった。

背番号18の系譜

1936
外野手
服部一男

1937
内野手
岡本利三

1938
捕手
服部一男

1938
外野手
加藤久太郎

1939～41
投手
村松幸雄

1950～54
投手
三富恒雄

1955～61
投手
空谷(児玉)泰

1962
投手
福田信夫

1963、64
内野手
小木曽紀八郎

1965
投手
ホイタック

1966、67
投手
豊永隆盛

1968～70
投手
小野正一

1971～76
投手
稲葉光雄

1977～82
投手
戸田善紀

1983～96
投手
鹿島　忠

1997
投手
小野和義

背番号18の系譜

1998
投手
前田幸長

1999
投手
武田一浩

2000
投手
曹竣揚

2001～03
投手
ギャラード

2004、05
投手
朝倉健太

2006～08
投手
中里篤史

2009～13
投手
伊藤準規

2014～
投手
鈴木翔太

Player's Number
Stories

杉下茂

20勝したいから20番を着ます　エースナンバー誕生の瞬間
沢村賞3度「フォークの神様」

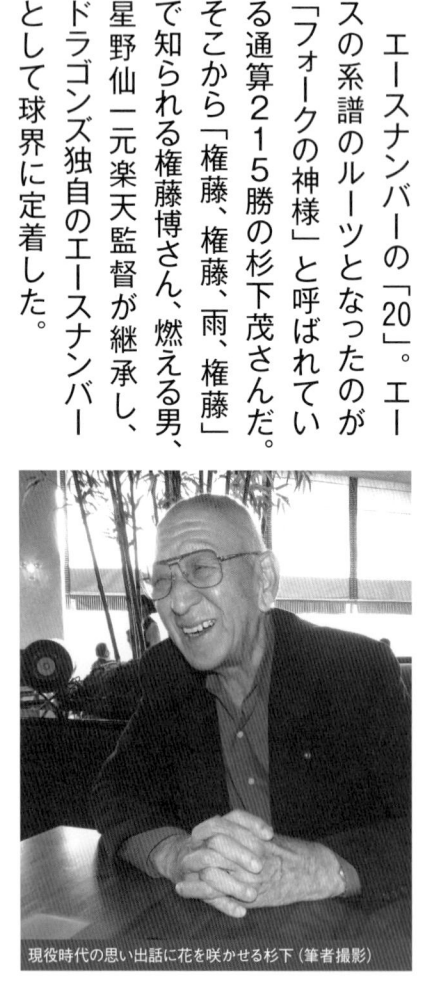

エースナンバーの「20」。エースの系譜のルーツとなったのが「フォークの神様」と呼ばれている通算215勝の杉下茂さんだ。そこから「権藤、権藤、雨、権藤」で知られる権藤博さん、燃える男、星野仙一元楽天監督が継承し、ドラゴンズ独自のエースナンバーとして球界に定着した。

現役時代の思い出話に花を咲かせる杉下（筆者撮影）

杉下茂（すぎした・しげる）
1925（大正14）年9月17日、東京市神田区（現東京都千代田区）出身。右投げ右打ち。帝京商（現帝京高）、ヂーゼル自動車工業（現いすゞ自動車）、明治大を経て49年に中日入団。プロでは通算11年で215勝123敗。タイトルは最多勝2回、最優秀防御率1回、最高勝率1回。沢村賞は51、52、54年と受賞。中日と阪神で監督も経験。85年に殿堂入り。

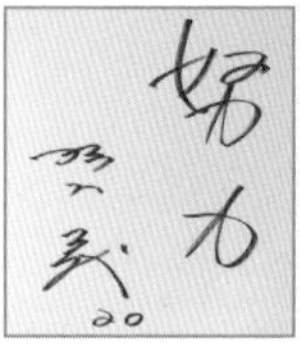
本人のサイン

当時の認識は「18」

歌舞伎の「坂田藤十郎」、落語の「林家正蔵」。そしてドラゴンズの背番号「20」。これらに共通点がある。いずれも「止《と》め名《な》」として封印されていた時期があるのだ。

止め名とは、芸能界などで「名人上手」と言われた人の芸名や名跡を誰にも継がせないで止めてしまうこと。「20」がエースナンバーになった背景には、その「止め名」が影響している。

杉下茂が中日と契約を結んだのは１９４８（昭和23）年の暮れ。帝京商（現帝京高）時代の恩師で、球団の新監督に決まっていた天知俊一に誘われた。投手としての才能を最も知る人物だ。杉下は当時、明治大専門部（旧制）の3年生。学部に進むかどうか迷っていた時期だったが、東京の中部日本新聞（現中日新聞）東京総局を訪れると、天知とともに当時の中村三五郎球団代表が応対。すぐに入団交渉に入ってしまった。

「2人が目の前でたばこの箱の裏に何か数字を書きながら相談しているんだよ。契約金がいくらで、とね」。

20勝を目標に、背番号「20」を選んだ中日の杉下茂

結局、契約金50万円、年俸36万円で契約した。当時の

公務員は月給約5000円。破格の金額だった。

その時に最初に提示された背番号が「18」と「19」。杉下は「球団はどうも自分に『18』をつけさせたかったみたい」と振り返る。ドラゴンズでも当時はエースナンバーが「18」という認識が強かった。交渉の席で「『18』はどんな番号ですか」と尋ねたところ、中村代表から「『18』は欠番になっている。でも、永久欠番ではない。村松の家に行き、両親から承諾を得なければいけない。墓参りに行かないか」との答えが返ってきた。

「恐れ多かった」

村松とは、前身の名古屋軍時代の1939年から3年間、投手として在籍した村松幸雄のこと。静岡県藤枝町（現藤枝市）の出身で慶大から入団。41年のプレーを最後に軍隊に召集され、44年7月にグアム島で戦死した。現役時代に「18」をつけ、公式戦では40年に21勝を挙げるなど通算38勝（26敗）を記録。戦死していなければ、戦後もエースとして活躍したであろう逸材だった。そこで球団は戦後も欠番扱いにし、遺族預かりの「止め名」にしていた。

杉下は即座に断った。当時のことは「『欠番のままでいいじゃないですか』と言った記憶がある。自分の兄貴も戦死した。戦死は名誉なことだったから、恐れ多いと感じたのかもね」。兄の安佑は

45年に沖縄で戦死。自身も応召後に中国で終戦を迎えた。入団前の47年には、戦死した沢村栄治（巨人）が球界初の永久欠番になっている。敗戦の傷が残る時代でもあった。

ただし、こんな理由もあった。他球団を含めて看板投手が好んでつけた数字は「14」「18」「19」。いずれも賭け事のオイチョカブに由来する強い役の数字だったことから、どうしてもなじめなかった。そこで逆に球団側に提案した。

「一人前と呼ばれるには何勝すればいいですか？」。中村代表からは「20」という数字が口をついた。しかも、ちょうど空き番と分かり、「私は20勝したいから『20』を着ます」。エースナンバー誕生の瞬間だった。

監督になっても

その後はフォークを武器にプロ3年目の51年にリーグ最多の28勝を挙げ、沢村賞も受賞。54年には勝利、防御率、勝率で投手3冠に輝いた。中日で活躍した10年間に3度沢村賞に選ばれた。59年、33歳の若さで監督に就任してからも「20」のままだった。

「背番号を変えたいと思ったことは一度もない。今の選手は不思議だよ。入ったときの番号を大切にしないからね」。60年を限りに監督を辞任した後は大毎（現ロッテ）に移籍。3季ぶりに現役復帰を果たすが、愛着のあった「20」は61年に中日に入団した権藤博に受け継がれた。そこからエースナンバーの系譜が始まる。

「18」は1951年に復活

「18」がドラゴンズに戻ったのは杉下が入団してから2年後の1951（昭和26）年。金星から49年に移籍した三富恒雄投手が「21」から変更。初年度は12勝したものの、52年に5勝。53、54年と未勝利に終わり、同年限りで引退した。名実ともにエースナンバーの座は「20」に移った。

「20」が空き番になったシーズン

（1946年以降、かっこ内は、前年につけていた選手）

1948年（岩本章）、83年（星野仙一）、95年（小松辰雄）、2000年（宣銅烈）、14年（中田賢一）

DATA of Player's Number 20

■杉下茂の年度別投手成績

年	所属	背番号	試合	勝数	敗数	投球回	被安打	奪三振	与四死	失点	自責点	防御率
49	中日	20	29	8	12	159⅔	160	66	69	81	65	3.66
50	中日	20	55	27	15	325⅔	269	**209**	141	135	116	3.20
51	名古屋	20	58	**28**	13	290⅓	274	147	95	116	76	2.35
52	名古屋	20	61	32	14	355⅔	316	160	99	118	92	2.33
53	名古屋	20	45	23	9	266⅔	230	156	100	98	84	2.83
54	中日	20	63	**32**	12	395⅓	265	**273**	110	71	61	**1.39**
55	中日	20	53	26	12	328	226	247	62	62	57	1.56
56	中日	20	42	14	14	248	172	167	48	70	55	2.00
57	中日	20	41	10	7	169⅓	108	122	33	43	33	1.75
58	中日	20	46	11	9	218	169	161	49	56	43	1.78
61	大毎	20	32	4	6	85	77	53	30	29	23	2.44
計			525	215	123	2841⅔	2266	1761	836	879	705	2.23

【注】**太字**はリーグトップ。1954年は最高勝率のタイトルも獲得（セ・リーグの奪三振のタイトルは91年に制定）

権藤博と星野仙一が継承　2人で228勝の活躍見せた「数字をけがすわけにはいかん」

背番号「20」を継承した1年目にリーグ最多35勝を挙げた権藤博

並々ならぬ気迫で巨人戦35勝を挙げた星野仙一

　エースナンバー継承者の活躍も欠かせない。連投男の権藤博元横浜監督、巨人キラーだった星野仙一元楽天監督の存在は大きかった。

　権藤は1年目の61年に69試合（先発44）に登板し、リーグ最多の35勝を挙げた。ただし、当時の濃人監督の指示で連投に次ぐ連投。5月末から6連投すれば、7月上旬には雨天中止にならなかった試合すべてに先発したことも。いつしか「権藤、権藤、雨、権藤」の流行語も生まれた。

「監督から『（西鉄）稲尾でも（南海）杉浦でも完投した翌日に投げる。おまえもそう思っておけ』と言われたことがあってね。天下の大投手と同じ扱いをしてくれてると思って投げていた」。

　肩を壊して65年に野手に転向。球団からは「2」への変更を打診されたこともあった。投手として1軍で活躍したのはわずか5年で通算82勝。短く太いプロ生活を過ごし、69年に30歳で引退した。

一方の星野はその年に明治大からドラフト1位で入団。最初の2年間は「22」をつけ、3年目の71年に「20」を譲り受けた。「球団から『おまえがつけろ』と言われた。杉下さん、権藤さんの後だから重いなと思ったよ。継承だからね。だらしない投球で数字をけがすわけにはいかんから」

特に巨人戦には並々ならぬ思いで投げ、歴代6位の35勝をマーク。故障もあって通算１４６勝に終わったが、何よりも記憶に残る男として球団史を彩った。その後は小松辰雄、宣銅烈《ソンドンヨル》ら大投手が継承したものの、「今の球団は『20』に重きを置いていない。ドラゴンズ文化がなくなっている。老舗なんだから、もっと伝統を生かさないと」。ＯＢの一人として注文もつけた。

外国人では宣銅烈

外国選手で唯一「20」をつけたのが韓国のビッグスター、宣銅烈だ。守護神として１９９６年から4年間で通算98セーブを挙げ、2年目にセーブ王に輝いた。昨年まで韓国・起亜（前身はヘテ）の監督を務めた。背番号については文書で「ドラゴンズで『20』は、右腕エースにだけ与えられる最高の背番号」とのコメントを寄せ、「当時の星野監督がこの番号を提案してくださった。私は最高の贈り物と感じ、大変うれしく受け取った」と当時を振り返った。

背番号20の系譜

1937春、秋
捕　手
三浦敏一

1938春
外野手
楠本政夫

1939〜43、46、47
外野手
岩本　章

1949〜60
投手、監督
杉下　茂

1961〜69
投　手
権藤　博

1970
投　手
渡部　司

1971〜82
投　手
星野仙一

1984〜94
投　手
小松辰雄

1996〜99
投　手
宣　銅烈

2001〜04
投　手
川崎憲次郎

2005〜13
投　手
中田賢一

2014OP戦※
内野手
山崎武司

2015〜
投　手
野村亮介

※引退試合のため手続き上の登録番号。
実際は「22」で出場。

Dragons

Player's Number
Stories

山崎武司

球団から愛された「22」
オリックスから楽天… でも最後は古巣で

「22」をつけた元内野手の山崎武司さんは引き際で話題を集めた。昨年3月の引退試合の際に日本プロ野球史上初の「1日契約」を球団と交わし、花道を飾った。

レーサーの肩書も持つ山崎武司（筆者撮影）

山崎武司（やまさき・たけし）
1968（昭和43）年11月7日、愛知県知多市生まれ。右投げ右打ち。愛工大名電高からドラフト2位で87年に捕手として中日入りし、外野手、内野手に転向。96年に39本で初の本塁打王。その後2年間にわたってオリックスで過ごし、2005年に新規参入した楽天に移籍。07年に2冠王に輝く。11年に戦力外となり、12年に中日に復帰。引退後は中日スポーツ評論家を務めるかたわらレーシングドライバーを続けている。

本人のサイン

NPB初「1日契約」で花道

２０１４年3月21日。この日の引退試合に臨む山崎は「日本プロ野球第1号」の称号を手に入れた。大リーグではユニホームを脱いだ選手への最大級の名誉とされる「1日契約」を日本で初めて結んだ。

「コンプライアンス（法令順守）がうるさい時代になったので初の試みになった。中日球団には最大の気遣いをいただいた。最後の最後でナゴヤドームのグラウンドに上がれたのは僕にとっては最大の幸せ」

数年前まではオープン戦期間中の引退試合の出場資格についてはあいまいだった。非公式試合のため、球団が簡単な書類を提出するだけで引退選手が試合に出ることができた。ところがオープン戦といえども、日本野球機構（ＮＢＰ）が管轄下で開催される試合。公式記録員側から試合に出るには選手登録が必要との意見が出たという。

中日と1日限りの契約を結び、西山球団代表㊨と握手する山崎＝2014年3月20日、名古屋市中区で（今泉慶太撮影）

背番号「20」仮登録

そこで球団代表の西山和夫は「球団に貢献してくれた功労者。それならば、キチッと『選手』として送り出したい。1日契約は球団の総意」。正式な支配下登録選手として迎えることにした。

その時に困ったのが背番号だ。山崎は「入団時につけた『22』で最後は出たい」と望むも、現役では既に投手の大野雄大がつけていたのだ。現役最後のシーズンにつけた「7」も内野手の森野将彦の手に渡っていた。選手登録に併せて義務付けられているのが背番号の申告。無論、数字の重複登録もできない。

そこで球団は空き番だった「20」で仮登録し、「22」のユニホームで出場させるという苦肉の策を思い付いた。公式戦でもユニホームを忘れた選手が同僚のものを借りて出場することは認められていたからだ。それでも「22」の着用についてはセ・リーグ理事会に諮り、正式な承認を得た。全てが正攻法。NPBの公式記録集「オフィシャル・ベースボール・ガイド」にも支配下登録選手の欄に「20」で紹介されている。

引退試合のセレモニーでファンに手を振る山崎＝2014年3月21日、ナゴヤドームで（金田好弘撮影）

引退試合の相手は古巣の楽天。ナゴヤドームでのオープン戦に2万6744人の観衆を集め、4番・指名打者で出場した。「22」で出場するのは02年9月21日の2軍近鉄戦（藤井寺）以来。1回1死一、二塁の場面で1度だけ打席に立ち、二ゴロ併殺に打ち取られたものの、スタンドから惜しみない拍手を送られた。

捕手で入団　田淵さんにあやかった背番号

山崎は愛工大名電高（愛知）からドラフト2位で1987年に入団。ポジションは捕手だった。「22」は当時の指揮官だった星野仙一の盟友、元本塁打王の田淵幸一（阪神、西武）の背番号にあやかったもの。「田淵のように本塁打も量産できる攻撃的捕手を目指せ」との期待が込められていた。山崎自身も「若い時の目標が本塁打22本。自分の背番号を超えるようになりたい」と常に意識する数字でもあった。

阪神戦で逆転サヨナラ3ランを放ち両手を突き上げ喜ぶ山崎＝1999年9月26日ナゴヤドームで

現役生活27年

91年に外野手に転向し、入団10年目の96年に39本塁打で初の打撃タイトルを獲得した。それまで年間20本以上は1度もなく、初めて「目標」をクリアしたシーズンでもあった。その後はオリックスへトレードされ、戦力外通告の屈辱も味わったが、新規参入の楽天に拾われ再開花。07年に本塁打、打点の2冠に輝き、現役を27年間も続けることができた。

「引退セレモニーっていくつやったかな? 楽天を出るときも仙台でセレモニーを開いてくれたし、シーズンの最終戦でもやらせてもらった。計3回。こんなに幸せなことはないよ」と感謝の思いを口にした。

日本初の「1日契約」とうたわれるが、実際は「1日出場契約」の表現が正しいかもしれない。コミッショナーから支配下選手登録の公示があったのは引退試合前日の20日で、任意引退選手の公示は24日にずれた。これは土、日曜を挟んだため。手続き上の登録期間は実質4日間だった。

登録で給料発生

支配下登録になったことで給料も発生した。支配下選手の最低年俸は４４０万円。途中解約の場合、日割り計算で算出すると定められている。山崎の契約は最低年俸に準じた内容と見られ、計算では4日分の5万8000円強が支給されたもよう。プロ生活27年で引退したことになっているが、NPBの書類上では引退年は2014年3月のため、在籍期間は28シーズン。野手では29年の中嶋聡（日本ハム）に次ぐ記録になる。投手最長は山本昌（中日）の32年だ。

■山崎武司の年度別打撃成績

年	所属	背番号	試合	打数	安打	本塁打	打点	打率
87	中日	22	1軍出場なし					
88			1軍出場なし					
89			20	29	5	0	2	.172
90			5	7	3	0	0	.429
91			26	43	6	1	2	.140
92			40	106	25	4	10	.236
93			77	163	44	3	17	.270
94			38	42	11	3	13	.262
95			66	203	59	16	39	.291
96			127	453	146	**39**	107	.322
97			130	421	108	19	54	.257
98			131	439	112	27	86	.255
99			113	354	87	28	75	.246
00			118	427	133	18	68	.311
01			111	365	87	25	51	.238
02			26	78	15	2	5	.192
03	オリックス	5	110	358	83	22	68	.232
04			62	151	37	4	20	.245
05	楽天	7	118	383	102	25	65	.266
06			122	419	101	19	67	.241
07			141	506	132	**43**	**108**	.261
08			142	510	141	26	80	.276
09			142	536	132	39	107	.246
10			141	540	129	28	93	.239
11			102	362	83	11	48	.229
12	中日	7	90	191	40	1	13	.209
13			51	62	13	0	7	.210
14		20	1軍出場なし					
計			2249	7148	1834	403	1205	.257

【注】**太字**はタイトル。14年は背番号22でオープン戦出場

米では名誉の証　松井秀喜も経験

「１日契約」は59歳2カ月のメジャー最年長出場記録を持つ黒人投手のサチェル・ペイジが１９６５年に１試合だけ先発登板したのが始まり。当時はカンザスシティーを本拠地にしていたアスレチックスが仕掛けた。ペイジは黒人リーグで活躍し、48年に42歳でメジャーデビュー。計６シーズンを投げて第一線から去ったが、その後もマイナーリーグなどでたびたび投げていた。65年に１日契約が交わされたのはペイジ自身が「まだへこたれちゃいない」と語ったのがきっかけ。先発したレッドソックス戦では３イニングを１安打無失点に抑える力投を見せた。

それから引退に花を添える「１日契約」が定着した。米球界でその名誉を得た唯一の日本人がヤンキースに7年間在籍した松井秀喜だ。

２０１２年、レイズでプレーしたのを最後に現役生活に別れを告げたが、ヤ軍にとっては09年のワールドシリーズ優勝に貢献し、シリーズＭＶＰにも輝いた功労者。１日限りのマイナー契約のオファーをもらい、ピンストライプ姿で送り出されることになった。

■日米引退試合（セレモニー）比較

氏　名	山崎武司	松井秀喜
引退年	2013年	2012年
主催球団	中日	ヤンキース
現役最終所属球団	中日	レイズ
開催日	2014年3月21日	2013年7月28日
場　所	ナゴヤドーム	ヤンキースタジアム
対戦相手	楽天（オープン戦）	レイズ（公式戦）
契約内容	支配下選手契約	1日マイナー契約
内　容	4番指名打者で1打席出場	始球式を担当
観　衆	2万6744人	4万7714人

引退セレモニーが開かれたのは13年7月28日のレイズ戦。背番号にちなみ、シーズン前にホームゲーム55試合目として組まれた試合が選ばれた。松井はその一戦に出場することはなかったが、始球式を務めて有終の美を飾った。

大野雄大　意中の番号

「『22』と言えば、阪神でプレーした藤川球児さん（現・四国アイランドリーグplus・高知）。分かっていても打てない真っすぐにあこがれた」。中日で「22」をつける26歳の左腕・大野雄大にとってはプロ入り前から意中の数字だった。ドラフト1位で2011年に入団する際に球団から提示され、意気に感じたという。

「22」のイメージも変化した。以前は捕手がつけることが多かったが、今では佐々木主浩（横浜など）らが背負ったことでリリーフエースの数字として定着している。

背番号22の系譜

1937
投手
遠藤忠二郎

1940、41
投手
岡本敏男

1942、43
捕手
藤原鉄之助

1946
内野手、捕手
木下政文

1947、48
捕手
上林繁次郎

1950
捕手
杉山哲夫

1951、52
内野手
高木公男

1953～56
捕手、外野手
河合保彦

1957～59
外野手
川崎啓之介

1960～62
外野手、内野手
会田豊彦

1963、64
投手
岩瀬光時

1964
投手
小川健太郎

1965、66
投手
牧田政彦

1967、68
投手
久保征弘

1969、70
投手
星野仙一

1971～75
投手
渡部　司

背番号22の系譜

1976~80
捕　手
福田　功

1981~86
投　手
曽田康二

1987~2002
捕手、外野手
山崎武司

2003
外野手
アレックス

2004、05
捕　手
柳沢裕一

2006、07
外野手
藤井淳志

2008~10
捕　手
田中大輔

2011~
投　手
大野雄大

Dragons

Player's Number
Stories

鈴木孝政

昭和29年生まれ 29（肉）屋の息子が、竜に29（福）を持ってきた

クローザーとして活躍、実働17年の最後まで「29」を貫き通したのが鈴木孝政さん。自身の実家にまつわる背番号のエピソードはボリューム満点だ。

現役時代のユニホームを掲げる鈴木孝政＝自宅で（筆者撮影）

鈴木孝政（すずき・たかまさ）
1954（昭和29）年7月3日生まれ、千葉県蓮沼村（現山武市）出身。右投げ右打ち。千葉・成東高から投手としてドラフト1位で73年にドラゴンズ入団。同年に救援でデビュー登板。75〜77年と救援ながら規定投球イニングに達し、3年間で最優秀防御率など4個のタイトルを獲得。その後、肘を痛めて82年途中から先発に転向。84年に16勝でカムバック賞に輝く。89年に現役引退。2004年に中日のヘッドコーチなどを務め、12、13年と2軍監督。

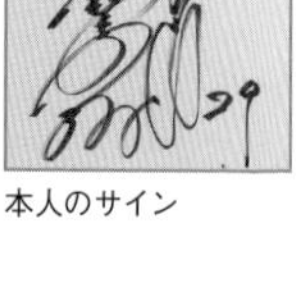

本人のサイン

ちゃめっ気たっぷり　入団会見は爆笑の渦

家業を継ぐことはなかったが、鈴木家のスピリットを背中に宿らせることはできた。入団契約後、孝政がたまたま選んだ数字が「29」だった。

「空いていた『29』を選んだだけ。投手だから2桁がいいなとは思っていた。本当は『21』が欲しかったが、左のエースの松本幸行さんがつけていらしたので…」。１９７２年12月の入団会見では当時の小山武夫球団社長から「中日に『フ（2）ク（9）』（福）を呼ぶ男」と称えられたが、背番号に関する質問が飛ぶと持ち前のちゃめっ気が顔をのぞかせた。

「満足してます。ウチは肉屋ですから」。背番号は確かに「フク」と読めるし、「ニ（2）ク（9）」とも読める。この瞬間に会場は爆笑の渦に包まれ、堅苦しかった雰囲気が一気に和んだ。

千葉県山武市にある鈴木肉店。右から兄の高勝さん、妻の昌江さん（筆者撮影）

実家が精肉店を営んでいるアスリートは水泳の五輪金メダリスト、北島康介が有名だが、孝政もそうだ。父親の故武男さんの代から千葉県東部の山武市（旧蓮沼村）に「鈴木肉店」を構え、現在は兄高勝さんが継いで、その妻昌江さんが店を切り盛りしている。

1982年7月1日の巨人戦で、プロ入り10年目（379試合目）で初完封勝利を飾り、マウンド上で感激のガッツポーズをする鈴木孝政＝ナゴヤ球場で

孝政は普通科の千葉・成東高の出身だが、兄とともに家業を継がせたいと考えていた武男さんは簿記を学べる商業高校への進学を希望していた。しかし、自らの意志で成東高に進学。3年春の関東大会で投手として準優勝を果たすと知名度は急上昇。名将と呼ばれた明大の島岡吉郎監督がわざわざ地元まで勧誘に訪れるほどになった。

運命のドラフト。「在京球団でなければ明大進学」と考えていたところに、1位指名してきたのがドラゴンズだった。ここで入団拒否もできた。だが、実家に当時の近藤貞雄ヘッドコーチらが入団交渉に訪れると、大の野球好きだった武男さんが球団側と酒盛りを始めてしまい、いつの間にか入団が決まっていた。

年が明けた。人一倍郷土愛が強く、合宿所への入寮日が迫っても、なかなか郷里を離れられなかった。結局、名古屋入りしたのは入寮期限日の前日。そこでは、こんな笑い話が残されている。孝政を名古屋まで引率した高勝さんが振り返る。

兄へのメモは…

「一緒に名古屋まで行ったはいいが、帰りは自分独りきり。新幹線に乗ったのもそのときが初めてで、帰り方もよく分からなかった。なので孝政からメモ書きをもらったのだが…」。帰るには東京駅から総武快速線に乗り継がなければならないが、当時は総武地下ホームが完成して半年もたたないころ。案の定、途中で迷ってしまった。頼りになるのは孝政が残してくれたメモ書きだったが、中身を読んでがくぜんとした。

そこに書かれていたのは「(迷ったら)みんなが行く方に行くこと」。それだけだった。孝政に悪意はなかったはずだが、持ち前の天衣無縫ぶりがにじみ出ているエピソードではある。当の高勝さんは、駅員に助けを求め、無事に帰還できたという。

入団後は速球を武器に抑えで活躍した。入団3年目の75年に最多セーブを挙げ、翌77年は最優秀防御率と最優秀救援投手を獲得。77年には自身最多の18勝を稼ぎ、2年連続最優秀救援投手となった。その後は先発に転向し、実働17年で124勝94敗96セーブ。最後まで「29」を貫き通し、89年に現役を引退した。

1990年4月1日、両手に花束をかかえ、ファンとユニホームに別れを告げる鈴木孝政＝ナゴヤ球場で

「自分は昭和29年生まれだし、選手のころは、毎月29日を『オレの日』と思っていたくらい。そういえば、実家の店の車もナンバーが『ニク（29）』だな」。郷里にある道の駅「オライはすぬま」には現役時代のユニホームなど、ゆかりの品々が飾られた展示コーナーが設置されている。

公式戦で唯一　長嶋親子と対戦

孝政は長嶋茂雄（巨人）、一茂（ヤクルトなど）の親子と公式戦で対戦している。プロ野球ではただ一人（オープン戦を含めると加藤初らがいる）。父茂雄とは74年に6度対決。ソロ本塁打、2つの二塁打を浴び、6打数3安打2打点と散々だった。一方の一茂とは88、89年と対戦し、3打数無安打1奪三振。「長嶋さんは同じ千葉県出身だったし、本塁打を打たれたときはちょっとうれしかった」。翌日に被弾した瞬間の写真を新聞社から譲り受けると、試合前に巨人のベンチ裏を訪ね、サインをおねだり。今も宝物にしている。

DATA of Player's Number 29

■鈴木孝政の年度別投手成績

年	背番号	試合	勝数	負数	セーブ	投球回	被安打	奪三振	与四死	失点	自責点	防御率
73		1	0	0		1	0	0	0	0	0	0.00
74		35	4	2	2	64	53	53	14	26	25	3.52
75		67	9	8	**21**	148⅓	113	117	31	53	49	2.98
76		60	7	8	**26**	148⅓	116	118	29	54	49	**2.98**
77		57	18	9	**9**	170	156	131	39	76	71	3.76
78		32	10	3	9	82	64	46	21	22	19	2.09
79		24	1	0	9	44⅔	40	33	15	18	15	3.00
80		35	4	3	12	55⅔	52	36	9	17	17	2.73
81	29	48	6	8	8	76	83	43	20	27	27	3.20
82		40	9	7	0	133	137	56	25	52	46	3.11
83		24	7	4	0	130⅔	135	48	15	65	53	3.65
84		28	16	8	0	168	192	60	33	89	76	4.07
85		28	8	12	0	158⅓	204	66	41	83	73	4.15
86		26	9	9	0	162⅔	156	78	36	60	57	3.15
87		30	9	6	0	130	147	60	30	70	65	4.50
88		27	4	3	0	54⅔	59	34	15	25	19	3.13
89		24	3	4	0	61	61	27	16	32	32	4.72
計		586	124	94	96	1788⅓	1768	1006	389	769	693	3.49

【注】**太字**はタイトル

■背番号別投手タイトル獲得数（2014年終了時）

回数	背番	投手名
17	20	杉下茂、権藤博、星野仙一、小松辰雄、宣銅烈
11	13	小川健太郎、小野和幸、岩瀬仁紀
7	29	鈴木孝政、与田剛、山井大介
6	34	山本昌
5	21	山中巽、松本幸行、チェン
〃	11	石川克彦、川上憲伸
〃	19	藤沢公也、吉見一起

【注】4回以下は省略。タイトルは最多勝、最優秀防御率、最多奪三振、最高勝率、最多セーブ、最優秀中継ぎ。タイトル制定前の記録も含む。最優秀救援投手は含まず

孝政引退　球団から「受け継いでくれ」　与田剛

引退試合で競演

同じ「29」がナゴヤ球場で競演したことがある。1990年4月1日のオリックスとのオープン戦。千葉県出身の先輩、鈴木孝政の引退試合でクローザーを務めたのがドラフト1位で入団したばかりの与田剛だった。

「客席から聞こえてくる『タカマサー』の声が忘れられない。孝政さんが胴上げされる姿を見て、自分もこんな引退試合をやらせてもらえる投手になりたいなあ、と。うらやましかった」。孝政が先発で5球を投げて降板。8－8の9回に登板した与田が1イニングを無安打無失点で切り抜け、花を添えた。

「背番号は自分で選んだのではない。球団から、孝政さんが引退するので『29』を受け継いでくれという話だった」。千葉・木更津中央高（現木更津総合高）、亜大、NTT東京をへて24歳でドラゴンズ入り。引退試合ができる選手になることを夢見たが、残念ながらそれがかなうことはなかった。

「29」を受け継いだ与田剛（筆者撮影）

鮮烈！　1年目2冠

1年目が鮮烈すぎた。いきなり31セーブを挙げ、最優秀救援投手と新人王の2冠を獲得。90年8月15日の広島戦（広島市民）では今も球団記録として残っている最速157キロをマークした。

「郭源治さんのけががなかったら、こんな人生をたどることはなかった。これも運命」。もともと抑えで入団したわけではなく、キャンプ終了直後の3月中旬までは先発の調整をしていた。守護神郭源治が左脇腹を痛めたことで急きょストッパーに担ぎ出された。

不運だったのは1年目の無理がたたり、肩や肘が悲鳴を上げたこと。3年目に23セーブを挙げるも、思うような結果を残せず、96年途中にロッテにトレードされた。

「本当は名古屋でユニホームを脱ぎたかった…。監督に呼ばれ、独りでロッカーを片付けてね。ナゴヤ球場を去る姿が孝政さんとは180度違っていた」。2軍暮らしが続いた。98年に日本ハムにテスト入団。2000年には阪神の入団テストに合格し、縦じまのユニホームに袖を通した。だが、その年に1軍昇格を果たせず、引退を決断した。プロ11年で8勝19敗59セーブ。1軍登板は148試合だった。

「最後は合宿所で若手と一緒に生活した。感謝は目上の方にするとばかり思っていたけど、2軍にいたおかけで、後輩にすることも増えた」。栄光と挫折の両方を味わったことが人生の糧になった。引退後はNHKのスポーツキャスターにも挑戦。愛情あふれる軽妙な語り口がお茶の間の支持を今も集めている。

背番号「29」の大先輩　鈴木孝政㊧からアドバイスを受ける与田剛＝名古屋市西区堀越の昇竜館で

最長記録つくる　14年目の山井大介

現役の「29」を背負うのは昨シーズン最多勝、最高勝率に輝いた山井大介投手だ。奈良産大（現奈良学園大）、河合楽器をへてドラフト6位で2002年に入団。そのときの背番号選びは「19」との二者択一で、当時の近藤真市スカウト（現投手コーチ）から「おまえは『29』の方が似合う」と助言され、大きい方に決めた。「29」をつけてはや13年。山井は「『29』を最も長くつけた孝政さんの年数（17年）を抜きたい」と力強く言い切った。中日の背番号別の投手タイトル数を比較すると「29」は7個（141頁表）。「20」「13」に次いで3位だ。

背番号29の系譜

1942
捕手
井上次平

1943、46、47
内野手
金山次郎

1951
捕手
木下育彦

1952〜54
内野手
藤野光久

1955〜58
投手
阿久津義雄

1959〜61
投手
広島　衛

1962
外野手
柳川福三

1963、64
投手
福田信夫

1965、66
投手
矢野　晃

1967
投手
岩月宏之

1968、69
投手
田中　勉

1970、71
投手
佐藤　進

1972
投手
川畑和人

1973〜89
投手
鈴木孝政

1990〜96
投手
与田　剛

1996
投手
内藤尚行

1997、98
投手
山田貴志

1999〜2001
投手
前田幸長

2002〜
投手
山井大介

Dragons

Player's Number
Stories

板東英二

騒がれなかった「8時45分の男」 嫌だけど2度も背負った「30」

背番号「30」。テレビタレントとしておなじみの板東英二さんは、球団最年少記録の21歳で開幕投手を務めた元エース。その後はリリーフに転向し、現在では当たり前になっている投手分業制の先駆けとなった。

現役時代のエピソードを話す板東英二＝中日新聞社で（小嶋明彦撮影）

板東英二（ばんどう・えいじ）
1940（昭和15）年4月5日、旧満州（中国東北部）生まれ。右投げ右打ち。徳島商の投手として出場した58年夏の甲子園で、歴代1位の83奪三振を記録。59年に中日に入団し、61年に開幕投手を務めた。救援に転向していた67年には自身最多の14勝をマーク。69年に29歳で現役を引退した。その後、タレントに転身し、74年には歌を担当した応援歌「燃えよドラゴンズ！」がヒット。

本人のサイン

かったなあ」

分業制の先駆け

「宮田さんが『8時半の男』なら、僕は『8時45分の男』だったんですよ。でも、全然騒がれんかったなあ」

中日の元祖ストッパーと位置付けられるのが、板東英二。名調子のしゃべりを交えて悔しがる。「宮田さん」とは1965年に抑え投手として20勝を挙げた巨人の宮田征典のこと。ナイターの場合は登板のタイミングが決まって午後8時30分前後だったことから「8時半の男」と呼ばれた。その一方で──。同じ時期に同じ役割をしていた板東は宮田の陰に完全に隠れた存在だった。

そのころはまだセーブ制度がなかったが（日本導入は74年から）、大リーグで先行していた投手分業制を、当時の近藤貞雄投手コーチ（のちに中日などで監督）がいち早く取り入れ、板東がリリーフエースに抜てきされた。現在の制度にあてはめると、65年が12セーブで、66、67年は12、7セーブ。今は公式記録から外れているセーブポイント（SP、セーブと救援勝利の合計）で換算すると3年間で70SP。堂々たる数字だ。しかし、まだ先発完投が当たり前の時代。抑えの重要性は認識されていなかった。

TVに映らない

おまけにテレビ中継にも恵まれなかった。中京地区でも、ナイターの中日戦が中継されることはあったが、日本テレビ系の中京テレビはまだ開局しておらず、敵地での巨人戦すら放送されないこともあった。しかも、試合開始は現在よりも1時間遅い午後7時。出番のある試合はもつれて長引くことが多く、登板が8時45分を過ぎることもあった。「僕が投げようとしたところでいつも中継が終わってしまう。テレビに映らへんのですわ。だから全然人気がなかった」と苦笑いした。

「14」を取り取られ

背番号でもいい思いをしなかった。現役生活はわずか11年と短かったが、その中で「30」を2度、「14」を2度つけている。つまり数年おきに交互に背負ったのだ。

徳島商時代には夏の甲子園で今でも破られていない大会83奪三振をマーク。59年に鳴り物入りで中日に入団したが、与えられた背番号は「30」だった。近年では巨人の江川卓、中日の郭源治らがつけたが、中日では戦前から歴代監督が背負った数字。球団で選手（兼任監督除く）がつけるのは板東が初めてだった。

「騒がれて入団したわりには空いている数字がなく…。監督の番号だけど、大きな番号は二線級がつけることが多いから、自分にとってはそれが嫌で嫌で…」。その前年まで指揮官だった天知俊一が退任し、新たにヘッドコーチとして「60」を選択。新指揮官の杉下茂が現役時と同じ「20」にこだわったことから、話題集めも兼ねて監督ナンバーの「30」を背負わされることになった。

指揮官が濃人《のうにん》渉に代わった61年に晴れて「14」に変更。その年には今も球団最年少記録の21歳で開幕投手を務めるなど12勝を挙げた。が、わずか2年で「30」に逆戻りしてしまう。

これは新たに監督になった杉浦清と反りが合わなかったため。プロアマ問題で騒がれた「柳川事件」の主人公、柳川福三に「14」を奪われてしまった。柳川と杉浦はともに中京商（現中京大中京）のOB。背番号について便宜が図られた可能性はある。しかもオフに開いた自身の結婚披露宴に杉浦を招いたが、あろうことか祝辞で「板東を来年は使わない」と言われ、祝宴を台無しにされた。それほど目の敵にされていたようだ。

巨人戦でリリーフ登板し好投した板東英二㊨をニコニコ顔で迎える西沢代理監督
＝1964年9月8日、後楽園球場で

結局、「14」を奪い返すのに2年かかったが、右肘を壊していたこともあり、中継ぎに本格的に転向。65年から3年連続で2桁勝利をマークし「勝利を呼ぶ男」として投手陣を支えた。「やはり『30』には愛着がないし、『14』を取り返すという執念で投げていたところはあった」。ふに落ちない背番号が逆に自身の原動力になった。

引退は69年。29歳のときだった。そこでもひともんちゃくがあった。当時の監督だった水原茂の意向で翌年も兼任コーチとして入閣するはずだったが、指揮官がオフに米国視察をしている間になぜか任意引退扱いにされてしまったという。

「帰国した水原さんから『何で辞めたんだ』と怒られた。それで僕は解説者でＣＢＣ（中部日本放送）に行くことになったわけで…。人生とはよく分からないもの」。急にはしごを外されたのが運命の分かれ目。口達者なところも大衆に受け、芸能界に大きく針路をとることになる。

【柳川事件】

プロアマ断絶の契機となった事件。1961年4月にプロ側が、社会人側と締結していたプロ退団者の受け入れ人数などに関する協定を破棄。その直後に中日が日本生命の柳川福三外野手と契約したことでアマ側が態度を硬化し、プロ退団者の受け入れを拒否することになった。その後少しずつ雪解けが進み、2013年、プロ退団者が学生野球の指導者になるための規定が緩和された。入団後の柳川は「52」「29」をへて63年から「14」。「44」となった65年に引退した。

DATA of Player's Number 30

■板東英二の年度別投手成績

年	背番号	試合	勝数	敗数	投球回	被安打	奪三振	与四死	失点	自責点	防御率
59	30	33	4	4	97	89	69	33	37	34	3.15
60		44	10	11	174⅔	145	126	36	57	51	2.62
61	14	47	12	10	193⅓	166	108	52	65	56	2.60
62		28	2	9	88⅔	85	56	28	44	42	4.25
63	30	30	3	1	73⅔	77	39	28	32	25	3.04
64		53	6	7	140⅓	144	73	47	60	48	3.09
65	14	55	12	7	156⅓	120	87	48	47	39	2.25
66		60	13	5	133	103	91	31	44	38	2.57
67		51	14	6	119⅔	110	72	30	37	34	2.55
68		18	1	4	21⅔	29	12	11	23	16	6.55
69		16	0	1	22⅓	23	15	12	11	9	3.68
計		435	77	65	1220⅔	1091	748	356	457	392	2.89

昔は監督の番号　中利夫

プロ野球では久しく「30」が監督の背番号として定着していた時代があった。セ・リーグでは１９７８～80年に中日の監督を務めた中利夫が直近の「30」指揮官だ。パ・リーグでは上田利治が最後。90年までオリックスで、その数字を背負い采配を振るった。

「僕らの年代だと監督の背番号と言えば『30』だった。球団から『何番にする?』と言われたので、あまり考えることもなく、その番号にした」。中は懐かしそうに振り返る。就任したのは41歳の時。前年までは2軍コーチとして「62」を背負った。理論家としても知られ、元西鉄（現西武）の鉄腕投手、稲尾和久を投手コーチに招聘《しょうへい》したが、就任期間中の順位は5、3、6位。リーグ優勝と縁がなく、3年で退任した。

竜伝統の「30」をつけて監督を務めた中利夫＝1979年7月19日、ナゴヤ球場で

現役時代は3年目から「3」をつけ、72年に36歳で引退するまでに通算１８２０安打。２０００安打を打者の入会条件とする名球会が発足したのは、その6年後のことで「現役当時は、記録がそれほど騒がれる時代ではなかった。だから、僕の成績は中途半端。盗塁（３４７）や得点（９５１）とか、どれも大台に少し足りない」と苦笑いした。

中日でも「30」は一目置かれる数字だった。のべ31人が監督になったが、そのうち「30」は同14人。プロ球団の中では最も多い。

プロ野球リーグ戦が始まった36年には7球団が存在し、中日（当時は名古屋軍）、巨人、阪神（当時は大阪タイガース）の3球団の監督が「30」をつけた。中日の初代指揮官は、後に審判活動の功績が認められて殿堂入りする池田豊。そのほかの球団は「11」（セネタース）、「20」（阪急、名古屋金鯱）、「21」（大東京）だった。

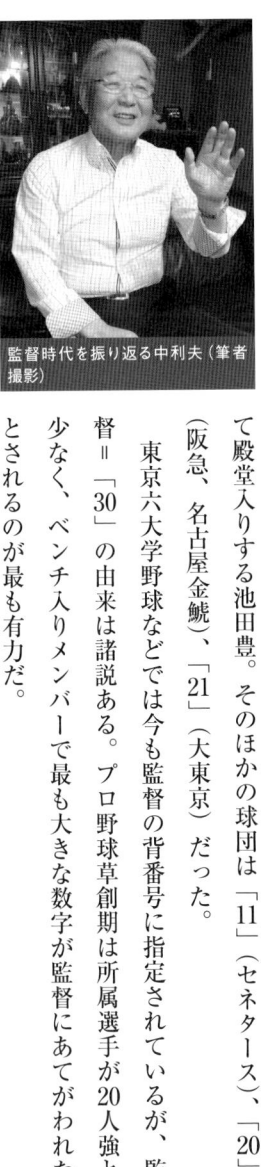

監督時代を振り返る中利夫（筆者撮影）

東京六大学野球などでは今も監督の背番号に指定されているが、監督＝「30」の由来は諸説ある。プロ野球草創期は所属選手が20人強と少なく、ベンチ入りメンバーで最も大きな数字が監督にあてがわれたとされるのが最も有力だ。

伝統のある番号　阿知羅拓馬

プロ2年目の阿知羅拓馬投手が現在、「30」を背負っている。ドラフト4位での入団だったため、大きな数字を与えられると予想していたそうで「思ったより若い番号だな、と。2013年は森野さんがつけていたので、ありがたいと思った」と振り返った。よほど気に入ったのか過去につけた選手もちゃっかり調べた。「郭源治さんや（今季で引退の）小林正人さんも…。『30』はすごく伝統のある番号だと思う」としみじみ語った。

1972、73
投　手
豊永隆盛

1974
内野手
広野　功

1975、76
外野手
ローン

1977
投　手
芝池博明

1978~80
監　督
中　利夫

1981~85
投　手
郭　源治

1986~89
内野手
山田和利

1990
外野手
ディステファーノ

1991
外野手
小松崎善久

1992
内野手
若林隆信

1992~97
外野手
パウエル

1998~2000
投　手
鶴田　泰

2001、02
投　手
曹　竣揚

2003、04
投　手
小林正人

2005~08
投　手
石井裕也

2008
外野手
小池正晃

2009
外野手
野本　圭

2010~13
内野手
森野将彦

2014~
投　手
阿知羅拓馬

背番号30の系譜

1936
監　督
池田　豊

1938春～39
監　督
根本行都

1939～41
監　督
小西得郎

1941、42
兼任監督
本田親喜

1943
兼任監督
枡　嘉一

1946
監　督
竹内愛一

1946～48
兼任監督
杉浦　清

1949～51
監督、総監督
天知俊一

1952、53
監　督
坪内道典

1954
監　督
天知俊一

1955、56
兼任監督
野口　明

1957、58
監　督
天知俊一

1959、60
投　手
板東英二

1961、62
ヘッドコーチ
石本秀一

1963、64
投　手
板東英二

1965
内野手
山本久夫

1966
外野手
スチーブンス

1967、68
内野手
竹中　惇

1969、70
内野手
島谷金二

1971
監　督
水原　茂

Dragons

Player's Number
Stories

郭源治

仙さんのひと言が生んだ　最強の守護神

「33」をつけた台湾出身の郭源治さん。入団時は「30」だったが、6年目のシーズンに入る前に背番号を変更。ストッパーとして開花した。生まれ故郷の台湾でも「33」は偉大な数字となっている。

質問に答える郭源治＝名古屋市内で（筆者撮影）

郭源治（かく・げんじ）
1956（昭和31）年10月5日生まれ、台湾出身。右投げ右打ち。台湾・輔仁大、兵役を経て81年に中日に入団。86年に開幕投手。87年に抑えに本格的に転向した。89年に日本国籍を取得し、本名を「佳久」に改姓。96年に中日を退団し、台湾で3年間プレーした。99年に現役引退。2013年から14年にかけて台湾プロ野球の首席顧問を務めた。

本人のサイン

ささやかれた定説

今だから話せることは誰にでもある。ストッパーとして活躍した台湾出身の郭源治には、まことしやかにささやかれている「定説」がある。

それが当時、巨人のエースとして全盛期だった江川卓を意識して同じ背番号「30」を選び、後に所期の目標を達したとして「33」に変えた—という話だ。「所期の目標」とは無論、江川を超えること。それが真実なのか—。本人を直撃すると、鼻で笑いながらこう説明してくれた。

「ちょっと違うね。球団から、江川さんと同じくらいの投手になれと言われてつけたのは間違いないけど…」。

入団したのは１９８１年。台湾での兵役を終えて来日したため、実際にチームに加わったのは球宴明けの7月末だった。当初は学生時代につけていた「11」、「25」を希望していた。ところがシーズン途中の入団だったため、既にふさがっていた。そこで空き番になっていた「30」をもらい受けた。

力投する郭源治。中日入団から5年間は背番号「30」を背負っていた＝1982年撮影

言葉の壁での誤解

ニュアンスが異なるのは6年目のシーズンに入る際に「33」に変更した理由だ。実は華興中学（台北）時代の監督の背番号が「30」だったため、久しく分相応ではないと感じていた。

「恩師の背番号だから、やっぱり重みがある。どうしても背中が落ち着かなかった」

ここで立ちはだかったのが言葉の壁だ。番記者から背番号にまつわる質問を受けたが、「日本語がよく分からなくてうまく説明できない。途中で面倒くさくなって『それでいいよ』ってなことになった。江川さんのイメージが強すぎるとも言ったけど」。

結果的に江川に関することだけがクローズアップされてしまった。それが真相だ。

その恩師とは２０００年に肝臓がんのため70歳で他界した方水泉だ。郭以外にも故大豊泰昭（元中日）、呂明賜（元巨人）らを育て上げた名将として知られ、今年、ソフトバンク球団会長の王貞治らとともに台湾の野球殿堂（現地では名人堂）入りを果たした。

「33」を選んだのも中学時代の学校職員の助言を元にした。当時は全寮制。実家の家計が苦しく、帰省するための交通費を工面してもらうなど物心両面で助けてもらった。

「その人が『ゾロ目がいい』と言うので…」。「33」は「散々」につながり忌み嫌われていたところもあったが、「それなら自分がいい番号にすればいい。逆境精神みたいなのが働いた」

チーム事情が影響

そのシーズンに先発で4年連続2桁勝利となる11勝をマーク。転機はその年のオフに訪れた。星野仙一監督が世紀のトレードを敢行。ロッテ・落合博満を獲得する代わりに守護神だった牛島和彦ら4選手を放出した。そこで新ストッパーに指名されたのが郭だった。

「周りは皆、反対していた。制球が悪いとか、心臓が弱いとか、たたかれているのも知っていた。なので、監督に『なぜ私なのか』と聞いた」。するとき返ってきた答えは「おまえ以外に誰がおるんや?」。その言葉に胸を打たれた。

本格的に転向した1年目に26セーブ（30セーブポイント）で初の最優秀救援投手に輝き、翌88年も37セーブで2年連続タイトルを獲得。抑えとしてコールされた際はマウンドで指揮官から直接ボールをもらい、ハッパをかけられた。今では投手コーチがその役目を負うことが多いが、それが当たり前の光景だった。

中日ーヤクルト25回戦 最後の打者・秦を空振り三振にしとめ優勝決定、雄叫びを上げる郭源治＝1988年10月7日、ナゴヤ球場で

100勝100セーブ偉業

その後は先発に復帰。94年にプロ野球史上5人目の100勝100セーブを挙げ、防御率2・45でタイトルにも輝いた。96年に中日のユニホームを脱いだが、郷里から熱烈なオファーを受け、3季にわたって台湾プロ野球でプレー。その際も「33」を背負い続けた。

「台湾に恩返しをしたかった。監督で、という声もあったが、まだ投げられる自信はあった」。99年に43歳で現役引退。その年の12月、台湾の体育運動総会はこれまでの活躍に敬意を表し「33」をナショナルチームの永久欠番にすると発表した。後に後輩がつけることもあったが、今もレジェンドナンバーとして大きくたたえられている。

DATA of Player's Number 33

■郭源治の年度別投手成績

年	所属	背番号	試合	勝数	敗数	セーブ	投球回	被安打	奪三振	与四死	失点	自責点	防御率
81	中日	30	6	1	2	0	21⅓	23	17	16	17	15	6.43
82			34	9	7	0	176	160	132	76	81	68	3.48
83			32	10	10	0	213⅓	214	159	68	100	89	3.75
84			34	13	11	0	216	202	177	78	90	78	3.25
85			34	11	11	3	230⅓	224	157	62	102	89	3.48
86		33	30	11	10	0	177⅓	164	127	55	76	72	3.65
87			59	4	3	26	98	64	70	28	19	17	1.56
88			61	7	6	37	111	73	94	34	27	24	1.95
89			42	5	3	25	74	57	69	19	19	19	2.31
90			22	2	6	0	67⅓	74	57	33	42	39	5.21
91			33	13	9	2	163	131	95	54	52	49	2.71
92			18	4	3	0	90	93	54	26	37	30	3.00
93			39	3	9	17	107⅔	107	78	38	44	41	3.43
94			21	8	7	2	139⅓	125	85	36	43	38	**2.45**
95			26	5	8	4	80⅔	85	40	29	44	36	4.02
96			5	0	1	0	5⅔	6	4	5	2	2	3.18
97	統一		13	5	3	0	64⅓	65	61	16	32	25	3.50
98	和信		24	14	3	0	140⅔	133	87	45	51	39	2.50
99			15	9	5	0	88⅓	73	56	19	30	23	2.34
日本計			496	106	106	116	1971	1802	1415	657	795	706	3.22
台湾計			52	28	11	0	293⅓	271	204	80	113	87	2.67

【注】**太字**はタイトル。87、89年は最優秀救援投手も

「18」のはずが… 憧れの番号へ急きょ変更 小山伸一郎

郭源治が中日を退団した１９９６年12月。「背番号シャッフル事件」が起きた。新入団選手発表の席上で、８人中７人の背番号が急きょ変更されたのだ。楽天で救援投手として活躍し、今季限りでユニホームを脱ぐことになった小山伸一郎もその中の１人だった。

■１９９７年新入団選手

順位	選手名	位置	出身	背番号
①	小山伸一郎	投	明野高	18→**33**
②	森野　将彦	内	東海大相模高	56→7
③	幕田　賢治	外	横浜高	53→35
④	中野　栄一	捕	亜大	33→27
⑤	山田　貴志	投	東北福祉大	59→29
⑥	佐藤　康幸	投	河合楽器	60→53
⑦	筒井　壮	内	明大	4→37
⑧	宮越　徹	投	郡山高	62→62

中日のドラフト１位選手で三重・明野高から入団。「スカウトから『18』で行くぞ、と言われ、『期待されているな』と感じていた。ところが星野監督のひと言で背番号が変わったみたいで…」。当時のことを笑い飛ばしながら振り返った。

突然降ってきた仙の一声。その真意は「希望の数字を与え、やる気を促す」。小山は大の郭源治のファン。希望通りに「33」に変更となり、「小さいころからファンだったので『33』をつけられるということはすごく魅力的だった」。大いに励みとした。

しかし、中日ではくすぶった。８年間で71試合（うち先発3）に登板し、４勝８敗０セーブ。結果を残せず、２００４年オフに旗揚げされたばかりの楽天に無償トレードされた。背番号も「57」へ。それでもマイナスには捉えなかった。

「正直うれしくてガッツポーズした。他の球団でチャンスをもらえたら、まだまだやれるという自信があったから」

新天地で見事に花を咲かせ、はや11年。投手陣のリーダーとして大成功を収め、13年には救援の要としてチームを初の日本一に導いた。

ジュニアオールスターで2イニングを投げ1失点と粘投した中日時代の小山伸一郎＝1999年7月23日、横浜スタジアムで

〝超〟お気に入り　祖父江大輔

入団2年目の祖父江大輔投手も自身がつける「33」をこよなく愛している。大学、社会人を含めて所属先はすべて愛知県内。背番号が決まった際は「真っ先に郭源治さんのイメージがわいた」と言う。

友利投手コーチから「燦々《さんさん》とした人生を歩むか。それとも散々か」とやゆされているそうだが、特にネガティブな考えはなく、「(元中日投手の)中田(宗男)スカウト部長もつけていたそうなので、いい番号だと思う」。すっかりお気に入りだ。

背番号33の系譜

1948〜50
外野手
杉山　悟

1952
内野手
牧野　茂

1953〜58
捕　手
吉沢岳男

1959
内野手
牧野　茂

1960〜62
外野手
福沢幸雄

1963、64
外野手
財津　守

1965〜68
外野手
島野育夫

1969
捕　手
吉沢岳男

1970〜72
投　手
田辺　修

1973〜78
捕　手
豊島　寛

1979〜83
投　手
中田宗男

1984、85
内野手
山田和利

1986〜96
投　手
郭　源治

1997〜2004
投　手
小山伸一郎

2005、06
投　手
金剛弘樹

2007〜12
投　手
平井正史

2013
捕　手
杉山翔大

2014〜
投　手
祖父江大輔

Dragons

Player's Number
Stories

小松辰雄

スピードガンの申し子　背番号は山本昌にバトンタッチ

背番号「34」。スピードガンが普及し始めた時期に１５０キロ以上の速球で鳴らした小松辰雄さんはその後、エースナンバー「20」をつかんだ。小松さんから「34」を引き継いだのはプロ最年長勝利を果たした球界のレジェンド、山本昌投手だった。

「スピードガンの申し子」と色紙に書く小松辰雄（筆者撮影）

小松辰雄（こまつ・たつお）
1959（昭和34）年5月10日、石川県生まれ。右投げ右打ち。星稜高（石川）からドラフト2位で78年に中日入り。同年にデビューし、79年に救援として1軍に定着した。81年に先発転向。85年に最多勝、最優秀防御率、最多奪三振（当時は連盟表彰なし）に輝き、沢村賞も受賞した。87年に2度目の最多勝に。94年に現役を引退。現在は中日スポーツ評論家を務め、名古屋市内で料理店「海鮮山」を自らプロデュース。

本人のサイン

79年4月の衝撃

「スピードガンの申し子」――。

取材に応じた小松は色紙にサインをする際にこんな文言を書き入れた。１５０キロを連発した元祖速球王として一時代を築いたが、その名を初めて刻んだ歴史的な日がある。それが１９７９（昭和54）年4月11日だ。

この日はナゴヤ球場で中日－ヤクルト戦がナイターで行われ、深夜帯に東海地区限定で録画中継された。中継映像に球速表示が入ったのは、この年から。当時は球場に常設の計測設備はなく、この試合を請け負った中部日本放送が東海地区では初めて中継用にスピードガンを導入したのだ。

その時に入団2年目の小松が3番手で登板。9回に迎えた若松勉との対戦でブラウン管に「１５１キロ」と表示された（球団スコアラーの機材では１５０キロ）。１５０キロ超えは今では珍しいことではないが、当時としては破格のスピード。球界の話題を一気にさらい、文字どおりにスピードガンの申し子になった。

現役時代の小松辰雄。当時の女房役・中尾孝義と勝利のハイタッチ＝1982年、ナゴヤ球場で

日本最速は162キロ

プロ野球最速（記録は非公式）は2008年6月1日にマーク・クルーン（巨人）が計測した162キロ。中日の球団最速は157キロで与田剛が90年に、浅尾拓也が11年に記録。スピードガンが日本に伝わったのは76年秋で、広島球団幹部が米国から持ち帰ったのが始まりとされる。

「154キロ最速」

「2年目に横浜で出した１５４キロが自己最速だと思う。テレビの表示だったのかな？　あのころが一番速かった。走り込んで鍛えていたし、1年目のユニホームがきつかったもの」

本人はそう振り返るが、手持ちのスピードガンを含めて数字は非公式。はっきりとした記録が残っていない。中日スポーツでは、同年11月24日のセ・リーグ東西対抗戦（横浜）で１５３キロを記録したとの記事があり、中には同年5月11日の巨人戦（ナゴヤ）で計測された１５２キロを最速とするメディアも見受けられた。

それでも球の速さは天下一品。その時の指揮官だった中利夫も「他の投手のボールがピュッなら、小松はブシュー。プロが簡単に空振りしてしまう。今の投手で似たようなタイプはいない」と懐かしがった。

小松は78年に星稜高（石川）からドラフト2位で中日入りしたが、1位指名でなかったことから、一時は駒大進学も考えた。それでも球団から熱心に説得され、入団を決めた。指名された6人のうち、すんなり契約したのは小松を含めて3人。「31、34、37が空いていると言われてね」。その中の一つ「34」は４００勝投手の金田正一（国鉄など）がつけていた。「金田さんのイメージが強いから、もらうことにした。右の金田になれ、ということだね」と記憶をたどった。

そのころはプロ野球のエンターテインメント化が加速した時期。投手の背中ごしに打席を映すセンターカメラが初めて採用されたのが、入団した年だった。ナゴヤ球場も小松の剛速球に目を付けた。結果的には横浜スタジアムと同着になったが、球界初となる球速表示板を左中間席後方に設置することを決め、80年の開幕戦から運用を開始した。

打者よりも球速

小松が１５０キロ以上を計測した時は通常よりも長く表示されたこともあった。

「打者よりもスピードガンと勝負していたところはあった。ナゴヤ球場の球速が思ったよりも出ていない時があってね。調べたら初速ではなくて（速度が落ちる）終速で測っていた。それで力み過ぎて調子を崩したんだよな」

85年に最多勝と最優秀防御率に輝き、さらには沢村賞も受賞。エースとしてチームを引っ張ったが、右肘の靱帯《じんたい》部分損傷、右太もも内転筋挫傷など度重なる故障にも苦しんだ。プロ17年間で１２２勝だった。

「7年目から『20』をつけたが、今でも『34』の印象が強いと言ってくれるファンは多い」。83年オフにはエースナンバーの「20」に変更。意外に思われるかもしれないが、「34」を譲った相手は、8月11日に50歳を迎えた球界のレジェンド、山本昌だった。今から32年近く前のことだ。

DATA of Player's Number 34

■小松辰雄の年度別投手成績

年	背番号	試合	勝数	敗数	セーブ	投球回	被安打	奪三振	与四死	失点	自責点	防御率
78	34	2	0	0	0	4	4	3	5	5	5	11.25
79		54	6	9	16	97⅓	90	86	42	30	29	2.69
80		39	1	5	6	64	61	33	31	28	26	3.66
81		42	12	6	11	152⅔	139	122	52	62	52	3.06
82		28	4	4	9	62⅓	43	58	30	19	18	2.61
83		35	7	14	5	191⅓	181	133	54	74	68	3.20
84	20	29	11	6	2	186	166	168	65	75	63	3.05
85		33	**17**	8	1	210⅓	185	**172**	52	70	62	**2.65**
86		24	7	9	0	138⅔	134	97	33	56	54	3.50
87		28	**17**	6	0	200⅓	167	147	47	65	61	2.74
88		24	12	7	0	157⅓	137	114	54	71	57	3.26
89		5	0	4	0	24⅔	34	11	11	23	21	7.66
90		18	6	5	0	111⅔	123	87	43	56	51	4.11
91		23	5	4	0	95⅔	94	69	27	48	47	4.42
92		22	9	9	0	125⅔	151	69	41	70	67	4.80
93		16	7	4	0	77	72	49	37	34	31	3.62
94		10	1	2	0	41⅔	57	28	13	29	29	6.26
計		432	122	102	50	1940⅔	1838	1446	637	815	741	3.44

【注】太字はタイトル

プロ在籍11年 未勝利 大場隆広

白血病と闘病中

病床で取材に応じてくれた。かつてのドラフト1位左腕、大場隆広は2011年に急性骨髄性白血病を発症。13年になって実妹から骨髄提供を受け、無事に退院することができたが、今も堺市の自宅で闘病中だ。「しゃべる方は問題ないが、副作用で目がまだよく見えなくてね」。病状を、はつらつとした口調で説明した。

今も行き場のない思いを抱えている。「ほんまにドラゴンズには申し訳ない思いでいる。名古屋には40年以上、足を踏み入れていない」。不名誉な記録を持っていた。投手として11年プレーし、1軍では1勝もできなかったのだ。

しばらくの間、ドラフト1位投手のプロ野球記録となっていたが、1996年にプロ在籍12年の笠原栄一（ダイエーなど）が未勝利のまま引退したことから、ようやくワーストのレッテルから解放された。

福岡県生まれで67年に別府鶴見丘高（大分）から中日に入団。当時はドラフトが2回に分けられ、第1次ドラフトで1位指名された。サウスポーとして期待され、同じ左腕の大投手、金田正一にあやかって「34」を与えられた。そこからだ。「しょせんは九州の田舎者。ど

自宅で療養中の大場隆広（筆者撮影）

こかで、てんぐになっていた」。プロのレベルについていくので精いっぱい。どん底をさまよった。

山本昌と共通点

プロ1年目に運良くデビューするも、その年の登板はわずか4試合。シーズン後半に救援した巨人戦では、3連続与四球で1死も奪えずにKOされた。「(主力の)江藤慎一さんがベンチにたたきつけたグラブが跳ね返って、自分の顔に当たった。その後にもらった言葉が『下で出直せ』。いまだに覚えている」。痛切の念を思い起こした。

同じ「34」の後輩にあたる山本昌とも共通点がある。大場も米ドジャースのルーキーリーグに派遣され、ド軍球団職員だった故アイク生原さんの門下生だったのだ。入団2年目に米フロリダ州ベロビーチで半年にわたり武者修行したものの、こちらは帰国後も芽が出ることはなかった。

長男もプロ選手

「同郷の生原さんにはいっぱい面倒を見てもらったのに。だから、

■大場隆広の年度別投手成績

年	所属	背番号	試合	勝数	敗数	投球回	被安打	奪三振	与四死	失点	自責点	防御率
67	中日	34	4	0	0	3⅓	2	1	6	2	1	3.00
68			1軍登板なし									
69			2	0	0	⅔	4	0	2	1	1	13.50
70			1軍登板なし									
71	近鉄	69	〃									
72		40	8	0	0	7⅔	12	3	6	7	6	6.75
73			12	0	0	8⅔	15	2	9	13	10	10.00
74			11	0	0	15⅓	13	7	10	6	6	3.60
75			1軍登板なし									
76	南海	59	〃									
77			〃									
	計		37	0	0	35⅔	46	13	33	29	24	6.00

現役時代の大場隆広の投球フォーム
＝1967年3月30日、中日球場で

申し訳ない思いでいっぱい」と悔やみ、その一方で「山本君には『34』を偉大な数字にしてもらった。ほんまに感謝してる」と頭を下げた。

大場は中日に4年在籍し、その後は近鉄、南海でプレー。不遇なプロ人生を過ごした一方で、引退後は後進の指導にあたった。そして、手塩にかけて育てた長男の豊千《とよかず》が晴れて巨人に入団（現在は巨人1軍サブマネジャー）。球界では数少ない親子《おやこ》鷹《だか》になった。

大場隆広（おおば・たかひろ）
1948（昭和23）年6月23日、福岡県生まれ。左投げ左打ち。別府鶴見丘高（大分）から第1次ドラフトの1位指名で67年に中日入り。1年目にジュニアオールスターに選ばれる。4年間在籍した中日では6試合に救援で登板。その後、近鉄、南海でプレーし、77年に現役引退した。プロ在籍11年で通算37試合0勝0敗。

王貞治を超えた　山本昌

最年長出場の新記録に挑む山本昌は、背番号でも最長記録を持っている。入団時に「34」をつけて以来、今季で連続32季。助監督、監督時代を含めて巨人で連続30年にわたって「1」をつけた王貞治の記録を破った。

山本昌は日大藤沢高（神奈川）からドラフト5位で１９８４年に中日入り。エースナンバーの「20」への変更が決まった小松からタイミング良く「34」を譲り受けた。

「こんなに下位指名なのに『34』をもらえるなんて、うれしかった。偉大な数字なので、ありがたいことです」。中日球団にとっても今やレジェンドナンバーだ。

背番号34の系譜

1951
投　手
桜井隆光

1952
捕　手
河合保彦

1953～56
捕　手
山本文哉

1957、58
捕　手
平田　晟

1959～62
投　手
成田秀秋

1962～66
投　手
野口勝治

1967～70
投　手
大場隆広

1971～77
投　手
村上義則

1978～83
投　手
小松辰雄

1984～
投　手
山本　昌

Player's Number
Stories

藤波行雄

1年目に新人王
ドラゴンズ愛貫き　トレード拒否

背番号「40」。元新人王の藤波行雄さんは、入団3年目に球界ご法度のトレード拒否を決め込み、それまでの「3」を剥奪される事態となった。ペナルティー付きの残留で決着したが、ドラゴンズ愛を貫いた大胆な行動は世の中を驚かせた。

トレードを拒んだ当時を振り返る藤波行雄＝愛知県みよし市内で（筆者撮影）

藤波行雄（ふじなみ・ゆきお）
1951（昭和26）年4月26日、静岡市生まれ。左投げ左打ち。静岡商、中央大を経てドラフト1位で74年に外野手として中日に入団。同年、チームの20年ぶりリーグ優勝に貢献し新人王を獲得。入団3年目にトレード拒否騒動を巻き起こす。87年に現役を引退後はテレビ解説者に。2009年に独立リーグ球団・三重のコーチに就任し、翌年に監督代行を務める。

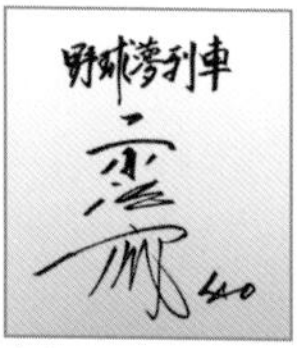
本人のサイン

3年目非情通告ショック　目に涙

曇り空から晴れ間がのぞき始めていた。１９７６（昭和51）年11月23日。プロ3年目の藤波は球団事務所で非情な通告を受けた。福岡を本拠地にしていたクラウンライター（現西武）へのトレードが合意に達した旨を、球団から言い渡された。

「中日でやりたいんです。もちろん球界のルールは知っています。どうしても行けということなら任意引退も覚悟してます」。通告直後はショックを隠せず、目に涙をためて報道陣に対応した。

交換相手は球宴の常連だった基満男内野手。同僚だった竹田和史投手とセットの1対2の複数トレードだったが、藤波は球団の方針を敢然と突っぱねた。無理もない。中大時代には「東都の安打製造機」と呼ばれ、ドラフト1位で入団した74年には新人王を獲得。最も脂が乗っていた時期でもあり、わずか3年でトレードに出されるとは思ってもいなかったのだ。

「トレード拒否」の心情を語る藤波行雄＝1976年11月23日、名古屋市中区の中日ドラゴンズ球団事務所で

野球協約が定める統一契約書には、移籍を通告された選手の拒否権は明記されておらず、仮に移籍を拒否した場合は任意引退を選ぶ道しかなかった。球界のおきてを破り、球団自体も敵に回しかねない事態に。自分の野球人生を懸けた孤独な闘争が幕を開けた。

真っ先に剝ぎ取られたのは、入団時にもらった背番号「3」だ。12月に入って球団は米パドレスに所属した現役大リーガーのウィリー・デービス外野手を獲得。本人が「3」を希望したことから強制的に奪われた。その後も話し合いは平行線。球団からは3度にわたる説得が試みられたようだが、藤波が首を縦に振ることはなかった。

12月17日。最終的にトレードは不成立に終わり、球団側は竹田を放出する代わりに松林茂投手を獲得することで決着。藤波の球団残留が決定した。球団から正式な処分が下ったのは、その4日後。内容は①翌年の公式戦第3節終了まで（14試合相当）出場停止②春季キャンプの自費参加―の2項目だった。処分を受け入れた藤波は現状維持の年俸390万円（推定）で契約更改。後に背番号も大島康徳が同年までつけた「40」に変更となった。

「もっと厳しい処分になるのでは、と覚悟していた。だから、あらゆるものをのみ込んで再出発した。『40』は自分にとってプロ人生の第2章」

藤波行雄㊧の処分を発表する小山社長㊥、右は中川代表＝1976年12月21日、名古屋市中区のクラブ東海で

女子高生らが1万人署名

トレード拒否については内外から賛否を問う声が出た。が、残留を望むファンも多かった。女子高生らが1万人以上の署名を集め、球団事務所には抗議の電話が殺到。甘いマスクの持ち主で人気も高く、翌春に愛知・蒲郡での2軍キャンプに参加すると、藤波見たさに詰め掛けた観客の数が、浜松の1軍キャンプをしのぐこともあった。

翌77年のシーズン第3節が終了。処分がようやく明けた。1軍登録は4月21日。チームが3勝9敗の最下位と振るわず、主力の故障が相次いだため、お呼びがかかった。復帰戦となった同23日の大洋戦（福井）では2点を追う7回に代打で起用され、右前にクリーンヒットを放った。

試合後には「初打席で安打を打てるなんて最高の気分。これからも全力でプレーをするだけ」と喜びに浸った。この年は100試合に出場。規定打席未満ながら打率3割1分8厘をマークした。本塁打も6本。入団3年間でわずか2本塁打だった男が意地を見せた。

サヨナラ安打を放ち高木守道兼任コーチ㊨に祝福される喜びの藤波行雄＝1980年8月30日、ナゴヤ球場で

他球団から声も「引退はドラで」

「残してもらった以上は結果を出さないといけない。成績が残せなかったらクビだから。一年一年が勝負だった。修羅場をくぐり抜けたので、どんな場面でもへこたれるようなことはなかった」

騒動後は準レギュラー、代打の切り札として懸命に11年間プレー。87年に現役引退を決める前には他球団からも声がかかったが「自分は好きでドラゴンズに入ったし、3年目であああなった以上は、ドラゴンズで引退すると決めていた。よその球団に行ったら、ファンへの裏切りになる。自分への裏切りにもなる」。

現役最後の試合となったシーズン最終戦のヤクルト戦（ナゴヤ）では代打で中前打。ドラゴンズ愛を貫き通し、静かにバットを置いた。

DATA of Player's Number 40

■藤波行雄の年度別打撃成績

年	背番号	試合	打数	安打	本塁打	打点	盗塁	四球	死球	三振	打率
74	3	90	114	33	1	15	1	13	2	15	.289
75	3	81	87	21	0	11	0	7	1	8	.241
76	3	104	150	39	1	14	3	9	0	14	.260
77	40	100	214	68	6	20	11	11	5	9	.318
78	40	96	299	69	4	22	3	29	1	14	.231
79	40	116	244	73	4	26	2	18	2	18	.299
80	40	119	326	95	1	22	8	12	1	13	.291
81	40	41	62	13	1	6	1	3	0	2	.210
82	40	74	85	22	2	10	2	5	0	5	.259
83	40	90	114	37	2	13	1	5	1	12	.325
84	40	83	124	35	1	17	2	3	1	16	.282
85	40	89	93	22	1	7	2	7	0	9	.237
86	40	57	48	9	0	1	0	1	0	10	.188
87	40	6	16	3	0	2	1	1	0	2	.188
計		1146	1976	539	24	186	37	124	14	147	.273

二刀流のはしり　法元英明

中日のスカウトとして名選手を発掘してきた法元《ほうもと》英明は、現役時代に投手から外野手に転向した変わり種だ。「今で言う『二刀流』のはしりでしたわ。敗戦処理で長く投げ、ヒットを固めて打ったことがあった。それからやったな。代打で『おまえが行け』ということになって…」

関大を3年で中退し、1956年に左腕投手として入団。1、2年目と計9試合に登板したが、勝ち星はなし（1敗）。それでも打撃は大阪・八尾高時代から定評があり、2年目は6試合に投げるかたわら、代打にも起用されて15打数7安打、2打点を挙げた。投手の登録だった3年目も登板機会がなかった一方で、42打数7安打の3打点。4年目の59年から外野手として正式に登録された。

現役時代の法元英明の打撃フォーム。投手で入団したが、4年目から外野手登録された（本人提供）

投手で「40」は珍しいが、本人は「若い番号がまったく空いてなかったからね」と振り返る。小さい数字で空いていたのは「6」のみ。それは当時の野口明監督が現役時代につけた数字で、実質的に欠番扱い。しかも「40」は戦後に桜井隆光、空谷泰と投手がつけていた番号。選択の余地はなかった。

「打者になって、だんだんと背番号がなじんできたね。今さら数字を変える必要もなかったし、最後まで通したよ」と法元。「40」をつけていた期間は13年。球団では最も長い。

「シマル」捕手に

桂依央利

昨季から「40」をつけているのが2年目捕手の桂依央利だ。大商大からドラフト3位で入団し、今年1軍デビューを果たした。

広島の正捕手として、この数字をつけた達川光男1軍バッテリーコーチは「40は『シマル』につながり、捕手にはゲンのいい数字」と力説するが、一方の桂は「そんな意味があることは知らなかった。大切にします」。数字に負けない締まるリードを目指す。

「4」にこだわって

清水雅治

現在はロッテで外野守備走塁コーチを務める清水雅治は1994年の1シーズンだけ「40」を背負った。現役時代の背番号は、いずれも「4」絡み。島根・浜田高から社会人・三菱自動車川崎を経てドラフト6位で89年に入団したときは「4」。「でも、当時の星野（仙一）監督からおまえには1桁は早すぎると言われて、2年目に『42』になった」。入団6年目に「40」に変更。その1年後に念願の「4」を取り戻した。96年に西武へトレードで移籍。選んだ数字は「40」だった。

Dragons

背番号40の系譜

1951~53
投　手
桜井隆光

1954
投　手
空谷　泰

1955
内野手
戸田忠男

1956~68
投手→外野手
法元英明

1969~76
外野手
大島康徳

1977~87
外野手
藤波行雄

1988~90
外野手
音　重鎮

1991~93
外野手
南牟礼豊蔵

1994
外野手
清水雅治

1995
外野手
大野　久

1996~2001
外野手
益田大介

2002~05
外野手
森　章剛

2006
捕　手
小田幸平

2007~10
内野手
西川　明

2011~13
外野手
平田良介

2014~
捕　手
桂依央利

Dragons

Player's Number
Stories

谷沢健一

「41」変更1年目 0割0分0厘0毛6糸差で首位打者に

背番号「41」。通算2000安打も達成した元主砲の谷沢健一さんは入団6年目のオフに新人時代から背負った「14」と決別。数字をひっくり返して再出発した。主力選手があえて大きな数字に変えるのは現在でも珍しいことだが、変更初年度には大接戦の末に初の首位打者を獲得。そこから運気をつかんだ。

インタビューに答える谷沢健一（筆者撮影）

谷沢健一（やざわ・けんいち）
1947（昭和22）年9月22日、千葉県生まれ。左投げ左打ち。習志野高（千葉）、早大を経てドラフト1位で70年に外野手として中日入り。1年目に新人王に選ばれ、76、80年と首位打者を獲得した。85年に2000安打達成。日本酒マッサージで持病のアキレスけん痛を克服したエピソードもある。86年を限りに現役を引退。現在は東京中日スポーツ評論家で東大野球部のコーチ。

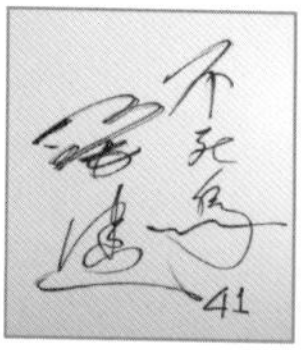

本人のサイン

史上最小差！

０・００００６。割、分、厘を用いる歩合の呼び方では毛よりも下。「6糸（し）」となる。これは史上まれにみるデッドヒートで谷沢が初の首位打者となった時に、2位で敗れた張本勲（当時巨人）との打率の差。１９７６年のことだ。

「僕が追い掛ける立場。残り30試合くらいで2分以上離されていた。だから、最後までハリさん（張本）を脅かしたい。そんな思いの方が強かった」

残り15戦猛追

首位打者を確実にした試合は、同年10月19日の広島とのダブルヘッダー第1戦（ナゴヤ球場）だ。張本は既に3割5分4厘7毛8糸で全日程を終了。一方の谷沢は9月26日時点（残り15試合）で2分7厘差まで引き離されたが、そこから打率5割以上のペースで安打を量産。3週間弱で3厘2毛差にまで猛追していた。

■僅差での首位打者

年	順位　打者	所属	打率	打数 安打	2位打者との差
76	① 谷沢健一 ② 張本　勲	中　日 巨　人	.35484 .35478	496 176 513 182	**.00006**
91	① 古田敦也 ② 落合博満	ヤクルト 中　日	.33981 .33957	412 140 374 127	.00024
91	① 平井光親 ② 松永浩美	ロッテ オリックス	.31445 .31405	353 111 484 152	.00040
48	① 青田　昇 ② 小鶴　誠	巨　人 急　映	.30580 .30536	569 174 429 131	.00044
56	① 豊田泰光 ② 中西　太	西　鉄 西　鉄	.32514 .32468	529 172 462 150	.00046

前夜〝前祝い〟

その日はシーズン最終日。第1戦で決める条件は最低でも3安打を放つこと。2打席凡退の場合は4安打する必要があった。タイトルのことを考えると自宅にいても落ち着かない。そこで2晩続けて球団合宿所泊まりを敢行。前夜は最優秀救援、防御率の2冠がほぼ決まっていた7歳下の鈴木孝政の部屋を訪ね、一緒に酒を酌み交わした。

酒も進む。ほろ酔いの鈴木からは「バントとか小細工はせんでください。それでハリさんを抜いても価値がないです」とくぎを刺され、酔った勢いで「正々堂々とやるから見ていろ‼」。結局、洋酒のボトル1本を2人で空け、夜が明けた。

第1戦は普段通り3番で起用され、第1、2打席と右前打をマークした。あと1本――。ところが第3打席では、まさかの3球三振に倒れた。

「色気が出たんだな。次の打席に入る前も緊張感があったし、恐怖感もあった。だから、そのままの自分を出せばいいんだろ、と言い聞かせた」

7回に迎えた第4打席。初球はファウルで、2球目はボール。そして、運命の3球目。広島・高橋里志が投じたフォークをとらえ、打球が糸を引くように中前に飛んだ。打率は3割5分4厘8毛4糸。プロ野球史上最小の「6糸差」で首位打者を手にした。

「14」を逆さに

このシーズンが背番号を変更した初年度だった。入団時は「14」。主力選手は期待の表れとして1桁に変えるケースが多いが、谷沢の場合は逆転の発想。あえて大きな背番号を選んだ。

「変えようと思ったら1桁が埋まっていて『下さい』とも言えない。ならば、大きな数字にひっくり返そうということで。それでイイヨ（14）からヨイ（41）にした」。早大からドラフト1位で入団し、1年目に新人王を取ったが、プロ入り6年間は一度も打率が3割に届かなかった。気分を一新すべく、真っ先に背番号をてこ入れした。

そもそも「14」は早大の2、3年時に背負った数字。2年の東京六大学春季リーグでは首位打者を獲得し、強い思い入れがある。しかも入団直前に、それまでつけていた板東英二（現タレント）が現役を退いたばかり。「空いていたので、迷わず選んだ。巨人では沢村栄治さんがつけた永久欠番。重い存在の数字でもある」と記憶を紡いだ。

「41」に変える前には3桁の構想もあった。懇意にしていた当時の三浦秀文中日新聞社会長から

中日—広島 ダブルヘッダー第1試合の第4打席で、執念の中前安打を放った谷沢健一。逆転首位打者が確実になり一塁ベース上でバンザイ＝1976年10月19日ナゴヤ球場で

「『14』は良くない」と何度も背番号変更を勧められ、あまりの熱心さに「では、選んでいただきませんか」と折れた。すると封書が届き、候補として１００番台の数字が列記されていた。ただし、育成制度もない時代に、3桁を背負うのは早すぎた。会長のアイデアは惜しくも幻に終わった。

「鶏群の一鶴」

「41」に変えたことで運は開けた。打率3割超えは6度。京都の僧侶から「その数字は『鶏群の一鶴』（1人だけ抜きんでているたとえ）」と縁起の良さを指摘されたこともある。持病のアキレスけん痛に苦しみながら80年には2度目の首位打者を獲得し、85年には２０００安打を達成した。「１２００安打のころに巨人の王貞治さんから『２０００を目指せ』と励まされてね。故障でまともに出られなかった時もあったが、数字に挑むようにはなった」。現役引退は86年。引退試合となった翌年のオープン戦では本塁打を放ち、自身のフィナーレを華々しく締めた。

背番号41に変更後、打率3割超え6度、2度の首位打者を獲得した谷沢健一

■谷沢健一の年度別打撃成績

年	背番号	試合	打数	安打	本塁打	打点	打率
70	14	126	427	107	11	45	.251
71		123	423	110	16	41	.260
72		130	465	135	15	53	.290
73		126	454	134	10	45	.295
74		125	466	135	22	77	.290
75		129	470	138	17	71	.294
76	41	127	496	176	11	52	**.355**
77		130	493	154	14	55	.312
78		70	184	52	2	18	.283
79		11	12	2	0	0	.167
80		120	425	157	27	80	**.369**
81		127	462	147	28	79	.318
82		129	471	132	21	85	.280
83		130	485	153	21	87	.315
84		130	505	**166**	34	99	.329
85		104	360	104	11	47	.289
86		94	220	60	13	35	.273
計		1931	6818	2062	273	969	.302

【注】**太字**はタイトル。84年は最高出塁のタイトルも獲得

エースナンバー「18」から変更…選手8年裏方35年　豊永隆盛

栄えある第1回ドラフト会議で1位指名された豊永隆盛も「41」をつけた。熊本県生まれで八代第一高（現・秀岳館高）から投手として1966年に入団。当初は「18」で、3年目に「41」に変更した。右の本格派として期待されながら1軍登板は1年目の1試合のみだ。同年9月28日のサンケイ（現ヤクルト）とのダブルヘッダー第1戦（中日球場）に8回から救援したものの、「オープン戦で右肘を痛め、まともに投球練習をしていなかった。投手の頭数が足りず急に1軍に呼ばれた」。案の定、2イニング目の9回に2点打を浴び、1イニング⅓を3安打2失点。ほろ苦いデビュー戦となった。

2年目も球威は元に戻らず、2軍暮らしの日々。その年のオフには大洋（現DeNA）からトレード加入した元投手3冠王の左腕、小野正一に「18」を奪われ、「41」を背負うことになった。

その辺りから打撃投手要員として1軍に呼ばれるようになった。当時、裏方仕事の一部は2軍選手が支えていた。自身は野手転向にも挑んだが、次第に打撃投手を任される機会が増えた。その後、背番号は「30」に変わり、正式に引退したのは73年。それからは専任の打撃投手、スコアラーとして黒子に徹した。

「61歳まで球団に残ることができた。良くも悪くもドラフト1位だったおかげかな」。選手8年、裏方35年。中日一筋に忠勤を尽くした。

中日ーサンケイ　8回から公式戦初登板した豊永。背番号「18」時代のこの試合が唯一の1軍登板となった（1966年・中日球場で）

谷沢に「41」とられた

片貝義明

谷沢の前に「41」をつけた片貝義明は苦笑いする。１９７５年オフ。帰省中に谷沢への背番号譲渡が決まったようで、「群馬の田舎から名古屋に戻ったら、自分の背番号がなかったんだよ。２軍暮らしだったから仕方ないけどな」。

中日では73～80年に捕手としてプレー。当時は木俣達彦、新宅洋志らが主力で活躍していたため、1軍出場は、わずか13試合だった。「41」の後は「50」。現在は矢場とん野球部の部長兼コーチ。

ずっとこの数字で

浅尾拓也

現在、「41」をつけるのが救援右腕の浅尾拓也だ。大学・社会人ドラフト3巡目で日本福祉大から２００７年に入団。高木守道前監督が新人時代につけた出世番号でもあり、「空いている番号をいただいた。1年目からつけている背番号なので大事にしていきたい。ずっとこの数字でいきたい」と話す。

「41」をつけて今年で9年。球団では谷沢健一の11年に次いで長い。

1976~86
内野手
谷沢健一

1987
投手
カスティーヨ

1988~93
投手
田中富生

1994~99
内野手
鳥越裕介

1999
内野手
河野　亮

2000~03
投手
朝倉健太

2004~06
投手
川岸　強

2007~
投手
浅尾拓也

背番号41の系譜

1951
内野手
豊島日出男

1952
外野手、内野手
高木公男

1952
投　手
中西由行

1952
外野手、投手
本多逸郎

1953
投　手
山田広彦

1954
投　手
田原藤太郎

1955
内野手
石田泰三

1956~59
投　手
浜島清光

1960~62
内野手
高木守道

1963
投　手
加藤力雄

1963
内野手
小淵泰輔

1964
捕　手
木田　優

1965、66
内野手
佐野卓郎

1968~71
投　手
豊永隆盛

1972、73
外野手
伊熊博一

1974、75
捕　手
片貝義明

Dragons

Player's Number
Stories

平野謙

母の命日が5月7日「見守ってくれてるのだろう」
ドラフト外で投手として入団　野手転向後、希代のバント職人に

出世番号と呼ばれる「57」。希代のバント職人として知られた元外野手の平野謙さんはこの背番号でレギュラーの座を射止めた。

バント職人の異名をとった平野謙＝群馬県高崎市で（筆者撮影）

平野謙（ひらの・けん）
1955（昭和30）年6月20日、名古屋市生まれ。右投げ両打ち。犬山高（愛知）、名商大を経て78年にドラフト外で投手として中日に入団。2年目に外野手に転向し、86年に盗塁王。西武、ロッテでもプレーし、96年に引退した。2015年は独立リーグ球団の群馬で野手コーチ。通算451犠打は歴代2位。盗塁数は同230。

本人のサイン

社会人に進む予定

歴史の長い球団には、出世番号というものがある。中日での代表格が「57」だ。ドラフト外で入団した平野謙は雑草魂を胸に、この背番号でレギュラーの座をつかんだ。

「出世番号かもしれないね。レギュラーを取ったのもこの番号だし、リーグ優勝したのもこの番号の時だったから」。入団はキャンプインの直前。１９７８（昭和53）年1月26日だった。名商大から社会人へ進むつもりだったが、ドラフト会議で指名された6人のうち3人が入団を拒否。急にお鉢が回ってきた。

「今で言う育成選手のようなもの。とりあえず入れとけ、という具合だった」。入団時は投手。別の意味で目立った。もらった背番号は「81」。80番以上は球団では平野だけだったのだ。

「背番号が大きいので『コーチみたいだな』って皆に冷やかされた」。1年目のウエスタン・リーグでは2勝をマーク。その年のオフには有望株としてマスコミに取り上げられ、背番号もわずか1年で「57」に改まった。

平野は幼少期に両親を亡くしている。6歳のときに父・政市さんが鬼籍に入り、11歳で母・志き枝さんが他界。志き枝さんの命日が5月7日だった。「きっとおふくろが見守ってくれてるのだろう」。ここから転機が始まった。

野手転向は2年目の春。人手不足を補うため野手要員として紅白戦に駆り出されたのがきっかけだった。大学では投手兼外野手。俊足で守備も機敏だったことから、首脳陣もコンバートを考えるようになり、「紅白戦の手伝いが増えるうちにピッチングをやらせてもらえなくなった」と言う。

右打ちから両打ち

その後は右打ちから両打ちに思い切ってスイッチ。守備、走塁のスペシャリストとして当時の近藤貞雄監督も一目を置く存在となり、4年目の81年に初めて1軍昇格を果たした。しかも開幕戦から――。守備固めが多かったものの、年間110試合に出場した。

ブレークしたのは82年。けがの功名から幕が開けた。4月4日、敵地での広島との開幕戦。2番中堅でスタメンをつかんだ。が、1打席目に自打球が右膝を直撃。痛みで力が入らず、交代を申し出てベンチに退いた。

すると投手兼任コーチだった星野仙一が怒りに満ちた表

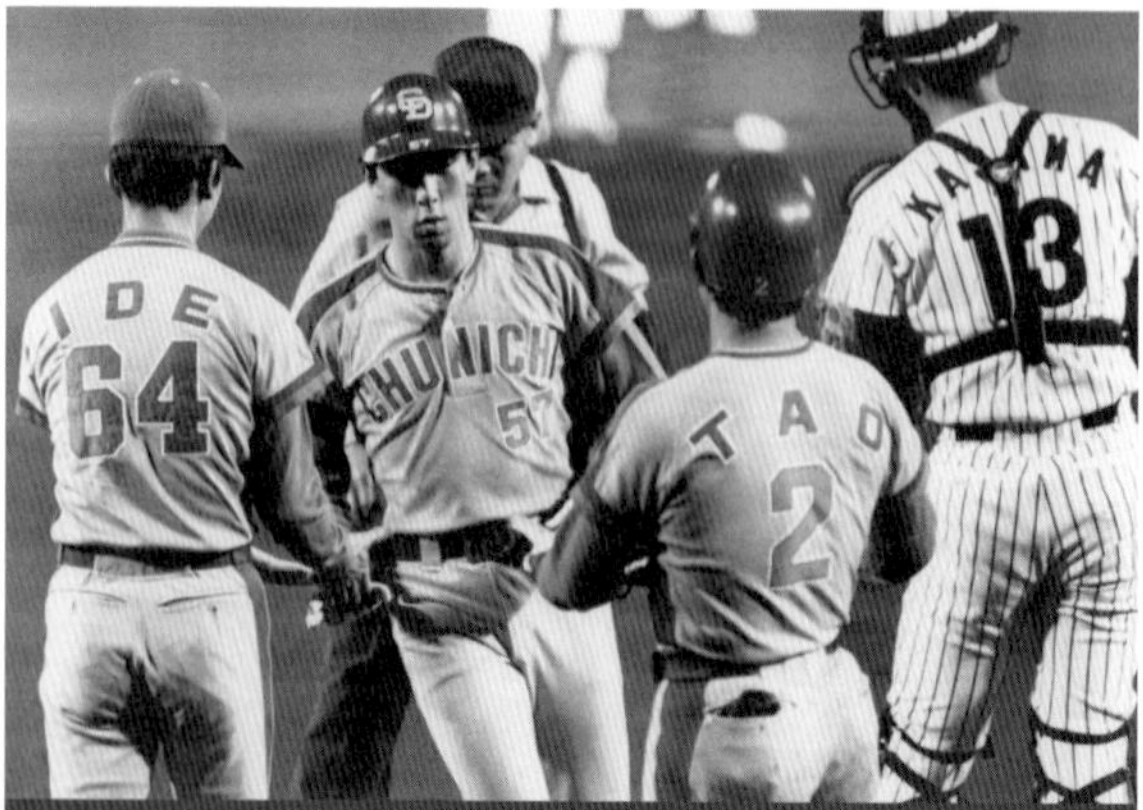

1982年にブレークした平野謙㊥。10月7日、甲子園のラッキーゾーンに先制2ランを放った

情で詰め寄った。「自打球ぐらいで代わるんじゃない!!　せっかくつかみかけたレギュラーなのに」。その言葉が胸に突き刺さった。

翌日はナゴヤ球場に舞台を移しての阪神戦。あまりの痛さに帰路もまともに歩くことができなかったが、星野の忠言が頭を離れない。選ぶ道はただ一つだった。幸いにも骨折は見られず、患部に湿布を張り、その上からサポーターをがっちりと巻いて強行出場した。

すると「5の4」の固め打ちを見せた。3点を追う7回1死一、二塁では2番手・宇田東植投手のカーブを大根切り。ライナー性の打球が右翼席最前列に飛び込んだ。これがプロ初アーチとなる同点3ラン。敗色濃厚の試合をドローに導いた。

「星野さんに言われなかったら、あのまま試合を休んでいたかもしれない」。このままレギュラーの座を守り、バント職人としても開花。9月26日の阪神戦（ナゴヤ）で当時の日本新記録、年間42犠打をマークした。最終的に51まで数字を伸ばし、チームも8年ぶりのリーグVを果たした。

身震い背番号「3」

その年のオフ。球団から背番号「3」への変更を打診された。恐れ多いことから返事を渋っていると、球団からこんなひと言が—。「それなら『1』にするか」

「1」はミスタードラゴンズ、高木守道（当時はコーチ）が20年間つけてきた偉大な番号。本人の申し出で空き番となったばかりだった。平野本人も「分かりました。『3』をつけます」と身震いするしかなかった。

86年に盗塁王を獲得。87年オフに西武にトレードで移籍し、最後はロッテで現役生活を終えた。通算犠打は４５１。巨人、中日でプレーした川相昌弘に抜かれるまではプロ野球記録だった。

２０１２年、１軍外野守備走塁コーチとして25年ぶりに古巣に復帰した。そのときの背番号は「75」。愛着のある出世番号「57」をひっくり返したものだ。

DATA of Player's Number 57

■平野謙の年度別打撃成績

年	所属	背番号	試合	打数	安打	本塁打	打点	盗塁	打率
78	中日	81	1軍出場なし						
79		57	1軍出場なし						
80			1軍出場なし						
81			110	110	26	0	4	8	.236
82			125	448	129	4	33	20	.288
83			127	434	107	7	30	14	.247
84			108	381	111	3	31	30	.291
85			130	527	158	6	49	17	.300
86			130	541	146	11	44	**48**	.270
87			90	317	85	4	26	13	.268
88	西武	24	130	508	154	7	46	18	.303
89			98	365	98	2	32	6	.268
90			123	445	119	2	42	23	.267
91			125	459	129	3	41	13	.281
92			122	436	122	4	45	15	.280
93			100	309	74	0	25	4	.239
94	ロッテ	8	81	229	52	0	15	1	.227
95			61	120	27	0	12	0	.225
96			23	47	14	0	4	0	.298
計			1683	5676	1551	53	479	230	.273

【注】太字はタイトル

継いだ彦野利勝も大活躍　珍事きっかけに「57」と別れ

平野から背番号を受け継いだ彦野利勝も大活躍を遂げ、「57」を出世番号として定着させた。

「1軍に上がるころに出世番号と意識しだした。当時のレギュラーは背番号が1桁のイメージ。1桁になるために、この背番号で頑張るんだと気持ちを高ぶらせた」

愛知高時代は投手。ドラフト5位で1983年に入団した際に「57」をもらった。当初は捕手へのコンバート構想が練られていたが、不向きと判断されたようで、外野手としてプロ生活をスタートすることになった。

1軍定着は87年。そのころにはバットを振る際に左右の手の間に隙間ができる独自のスタイルになっていたが、自分では意識していなかった。「練習中に落合（博満）さんに指摘されて初めて気付いた」と言う。

89年には26本塁打をマークし、ベストナインを受賞。88年から3年連続でゴールデングラブ賞にも輝いた。が、珍事をきっかけに「57」と別れを告げることになる。

91年6月18日の大洋戦（ナゴヤ）で放ったサヨナラ本塁打。一塁を回ったところで右膝に激痛が走り、その場にうずくまった。そのままチームメートに背負われて

中日の出世番号と主な着用選手（57番以外）

「22」…星野仙一（1969、70年）、山崎武司（87～2002年）、大野雄大（11年～）

「41」…高木守道（1960～62年）、谷沢健一（76～86年）、浅尾拓也（07年～）

☆「57」から別の番号に変わって飛躍した選手もいる。1954年の入団の石川緑投手は最初の2年間のみ「57」を背負ったが、下手投げに変えて成功。「26」時代の60年に61試合（うち先発22）に登板し、13勝を挙げた。93年入団の野口茂樹投手は「57」から「47」に変更した95年にプロ初勝利を挙げて開花。98年に最優秀防御率に輝き、2001年には防御率、奪三振の2冠を獲得した。

退場し、代走の山口幸司がホームイン。本塁打で代走が送られるのは史上2例目だった。

その後、右膝靭帯《じんたい》断裂と診断され、戦線を離脱。気持ちをリセットするため、次の年に「8」へと変えた。

「バッティングで強く踏み込めなくなり、右方向への打撃を覚えるようになった。結果的に野球の幅は広がった」。94年にレギュラーを再奪取。カムバック賞にも輝いた。

平野から「57」を引き継いだ彦野利勝＝ナゴヤドームで（筆者撮影）

愛着わいてきた　6年目の小川龍也

現役では6年目の小川龍也投手が「57」をつける。入団から4年間は「16」。現在の数字になってからは2シーズン目だ。

2年目の2011年に1軍デビューを果たしたが、勝利投手になったことがない。昨季はプロ入り最多の7試合（うち先発1）に登板したが、勝ち星に結び付かなかった。今季も2軍スタート。「だんだんと『57』に愛着がわいてきた。この数字で早くプロ初勝利を挙げたい」。サイドスローに転向し、燃えている。

1996、97
投手
小島弘務

1999～2007
外野手
英智

2008、09
内野手
デラロサ

2010～13
捕手、外野手
吉田利一

2014～
投手
小川龍也

背番号57の系譜

1953
投手、外野手
足木敏郎

1954、55
投　手
石川　緑

1956
捕　手
酒井敏明

1958～60
投手、外野手
内山和巳

1962～64
捕　手
佐々木勲

1964
投　手
岩瀬光時

1965
投　手
秋元　肇

1967～70
投　手
石川光一

1971
外野手
辻　正孝

1972～76
内野手
山崎公晴

1977、78
投　手
渡部　司

1979～82
投手、外野手
平野　謙

1983～91、98
外野手
彦野利勝

1992
内野手
永川満寿

1993、94
投　手
野口茂樹

1995
内野手
原田政彦

Dragons

Player's Number
Stories

大豊泰昭

「王さんの本塁打記録狙え」と星野監督
竜にこだわり続けた大豊泰昭さん

大砲として鳴らしたのが台湾出身の大豊泰昭さん。「55」のイメージが強いが、2000年オフに阪神から中日に出戻った際には「55」が既に埋まっていたため「60」を選び、現役引退までの2年間を過ごした。なお、大豊さんは09年から急性骨髄性白血病と闘ってきたが、15年1月18日に51歳の若さで死去。ご冥福をお祈りいたします。

取材時、急性骨髄性白血病の療養を続けていた大豊泰昭さん（2014年11月筆者撮影）

大豊泰昭（たいほう・やすあき）

1963年11月15日、台湾生まれ。本名は陳大豊。左投げ左打ち。名商大、中日球団職員を経てドラフト2位で89年に外野手として入団。94年に本塁打、打点の2冠に輝く。97年オフにトレードで阪神に移籍。2000年に通算1000安打を達成するが、同年オフに自由契約で退団。4季ぶりに中日に復帰し、02年に現役を引退した。15年1月に急性骨髄性白血病で51歳の若さで死去。

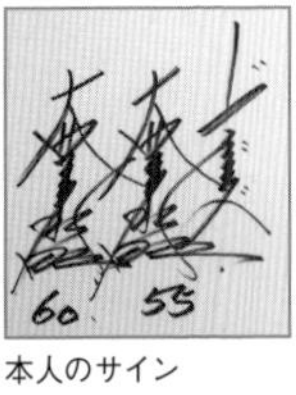

本人のサイン

94年に2冠

「55」を世に知らしめた男―。若い世代は巨人やヤンキースで活躍した松井秀喜を真っ先に頭に浮かべるかもしれない。が、ドラゴンズが生んだホームランキングの存在も忘れないでほしい。台湾出身の大豊泰昭だ。

松井が巨人に入団する4年も前。1988年12月の新入団選手発表でこの背番号を授かったが、当初は「5」に内定していた。ところが当時の星野仙一監督から「『55』にせい!! おまえは背中がデカいから『5』では数字が小さく見える。知ってるだろ? 王さんの記録を。本塁打55本を目指せ!!」。同じ台湾籍を持つ郷土の英雄、王貞治（巨人）が持っていたかつてのシーズン最多本塁打記録55本にあやかって、背番号変更を求められたのだ。

「当時の50番台なんて誰もつけたくない番号だった。でも、王さんはあこがれだったしね。あとから松井君もつけることになって、『55』はホームラン打者の象徴になったんだ」と大豊。指揮官からはお年玉代わりに王が実際に使ったバットを贈られ、並々ならぬ期待の表れをかみしめた。

大豊泰昭の一本足打法＝1994年8月24日、ナゴヤ球場で

実は「95」も

現役時代には王の代名詞でもあった一本足打法にも挑み、94年には本塁打、打点の2冠を獲得。「大豊＝55」のイメージは余計に強い。ところが実際は他に2つの背番号をつけていた。最初は「95」。日本人枠を得るために名商大卒業後に1年間だけ球団職員の肩書で練習に参加。便宜的に背番号を与えられた。

もう1つは引退時に背負った「60」だ。ナゴヤドームに本拠地が移った97年シーズン後にトレードで阪神に移籍。その時も「55」をもらったが、2000年オフの契約更改で野球協約に抵触する30％ダウンを提示され、自由契約による退団を申し入れた。次の行き先に選んだのは新天地ではなく「旧天地」。トレードを画策した張本人でもあった星野監督に電話をかけ、こう直談判した。

「（プロとしての）生まれが中日なら、死ぬ（引退するの意）ときにも中日が骨を拾う責任があるのではないか」。大学入学の際も中日新聞販売店の店主が身元引受人となるなど中日とは縁が深い。他の球団でプレーする腹づもりはなかった。圧倒的な熱意にほだされた首脳陣は獲得を決意。同年12月5日に入団会見が開かれた。

やむを得ず

4季ぶりに古巣に返り咲いたが、手にすることができないものがあった。それが愛着のあった「55」。直前にトレードで広島から加入した紀藤真琴が、自身のプロ入り時につけた「55」を既に取得していたのだ。「背番号は人間の顔と一緒。あまり変えるものではない。だから『55』で通したかったが…。やむを得ず『55』よりも大きい『60』をつけた」。複雑な胸中だったが、受け入れるしかなかった。

広島戦でタイムリー安打を放つ大豊泰昭＝2002年8月31日＝ナゴヤドームで

復帰1年目の01年。再起を誓ったはずが不振にあえいだ。外野が広いナゴヤドームではアーチを量産できず、出場38試合で3本塁打。プロ1年目から続いていた2桁本塁打は12年で途切れた。02年も27試合で4本塁打。球団からは戦力外を突きつけられ、最終的には現役引退を決断した。03年3月23日。ナゴヤドームでの横浜とのオープン戦の試合前に引退セレモニーが催された。その時は「60」ではなく、懐かしの「55」のユニホームで登場。盛大な観客の拍手を浴び、選手生活に別れを告げた。

突然、病魔に

09年3月、突如、病魔に襲われた。急性骨髄性白血病と診断され、つらい闘病生活を続けた。取材を受けたのは２０１４年11月末。自宅に近いＪＲ岐阜羽島駅に自家用車で乗り付け、張りのある声で半生を語った。ただし、大きかった体は驚くほどやせ細り、顔もいくばくか黒ずんでいた。

「台湾の妹から骨髄を提供してもらい、少しずつ良くはなっている。が、背中は曲がったまま。足はしびれて感覚がない」。まるで他人事のように病状を説明した。発病後に名古屋市内の中華料理店をたたんだものの、11年5月に岐阜県海津市に「大豊ちゃん」の名で再出店。一時は店でギョーザを自ら焼くなど快方の兆しはあったという。

「生きるか死ぬかの境目にいるけど、生きることを目指している。自分の生命力に懸けたい」。不本意な「60」をつけてまでドラゴンズにこだわり続けた男。生きることへの執着も並大抵ではなかった。が、死期がそこまで迫っていたとはつゆとも知らなかった。訃報が届いたのは年が明けて間もなくのこと。２０１５年1月18日、希代のスラッガーは51年の短い生涯を閉じた。

DATA of Player's Number 60

■大豊泰昭の年度別打撃成績

年	所属	背番号	試合	打数	安打	本塁打	打点	盗塁	四死球	三振	打率
89	中日	55	101	309	72	14	36	2	39	86	.233
90			105	259	71	20	48	2	24	63	.274
91			121	396	112	26	72	2	60	84	.283
92			81	251	67	11	39	0	29	52	.267
93			117	367	95	25	59	0	69	117	.259
94			130	477	148	**38**	**107**	1	74	97	.310
95			106	389	95	24	65	1	54	81	.244
96			129	462	136	38	89	3	69	106	.294
97			95	296	71	12	35	0	41	78	.240
98	阪神	55	99	307	71	21	61	0	36	94	.231
99			78	164	56	18	39	0	17	56	.341
00			97	303	73	23	54	4	31	93	.241
01	中日	60	38	70	12	3	7	0	6	34	.171
02			27	47	10	4	11	0	7	16	.213
計			1324	4097	1089	277	722	15	556	1057	.266

【注】88年（球団職員）は背番号95。**太字**はタイトル

■中日の主な出戻り選手

選手名	復帰するまでに在籍した球団	期間
服部　受弘	阪急	1945年秋～46年開幕前
西沢　道夫	ゴールドスター	1946年途中～48年
井上　登	南海	1962～66年
広野　功	西鉄、巨人	1968～73年
平沼　定晴	ロッテ	1987～95年
小松崎善久	日本ハム	1990年
山田　和利	広島	1991～95年
音　重鎮	広島	1991～95年
酒井　忠晴	ロッテ	1996～2002年
大豊　泰昭	阪神	1998～2000年
山崎　武司	オリックス、楽天	2003～11年
川上　憲伸	米ブレーブス	2009～11年
パヤノ	メキシコ球団など	2010～13年

落合監督「オレも巨人で『60』…いいだろ?」河原純一

「オレも巨人で『60』だったから、『60』でいいだろ?」

中日に2009年から3年間在籍した河原純一投手は当時の落合博満監督の口から発せられたひと言をはっきりと覚えている。現在は独立リーグの愛媛マンダリンパイレーツで現役を続けているが、今の自分があるのは「落合再生工場」に拾ってもらったおかげなのだ。

中日に入団するまでは1年間、浪人生活を送った。05年に巨人からトレードで西武へ移ったが、移籍1年目に右膝を故障。メスを入れたかいもなく、07年オフに戦力外通告を受けた。当時34歳。年が明けても獲得球団は現れなかったが、ドラフト1位でプロ入りしたプライドもあり、引退する気は一切なかった。

08年入団テストで合格。中日の一員となった河原純一

「(故障部位の)膝を鍛え直せば、もっと投げられると思っていたから。それで浪人を決めた。一度決めた以上は深く悩まないようにした」。母校の駒大グラウンドで地道に練習を続け、オファーを待った。

そして、08年10月。大学の先輩でもある森繁和バッテリーチーフコーチ(当時)から入団テストの誘いを受けた。結果は一発合格。晴れて中日の一員となり、秋季練習で汗を流していたところ、落合監督から背番号について相談され、指揮官が巨人時代につけた「60」を与えられた。

1年間のブランクは逆に投球の幅を広げた。「浪人中に野球中継を見ていると、攻め方とか、思っていたことがよく当たった。だから、それをマウンドで実践できれば、と。後ろから自分を眺めるように客観的な目で投げていた」。現場からいったん離れたことで冷静に自分のプレーを見つめ直すことができた。

中日では救援で78試合に登板し、4勝27ホールド。11年のシーズン後に再び戦力外となったことで今度は新天地を愛媛に求めた。移籍2年目の13年には6年ぶりに先発に復帰し、昨年は10試合（うち先発9）で2勝3敗―。42歳となった今年も現役を続けている。

近年の「60」は…

河原以降は1年ごとに「60」の着用者が変わっている。２０１２年は新入団だった韓国出身の宋相勲外野手で、翌13年に育成契約に切り替わり、昨年のオフに戦力外に。その後も米国籍のマット・クラーク内野手、井藤真吾外野手がつけ、今年は新外国人のリカルド・ナニータ外野手が背負った。

1997
投手
ウィリアムズ

1998
投手
平田 洋

1999、2000
外野手
峰 秀

2001、02
内野手
大豊泰昭

2003
内野手
瀬間仲ノルベルト

2004、05
捕手
清水清人

2006~08
投手
高江洲拓哉

2009~11
投手
河原純一

2012
投手
宋 相勲

2013
内野手
クラーク

2014
外野手
井藤真吾

2015
外野手
ナニータ

Dragons

背番号60の系譜

1954
内野手
小川滋夫

1956
投手
吉岡秀雄

1959、60
コーチ
天知俊一

1961
コーチ
塚越正宏

1963、64
コーチ
土屋弘光

1965
外野手
小久保勲

1967、68
コーチ
杉山　悟

1970
内野手
坪井新三郎

1973〜75
2軍監督
村野力男

1976、77
コーチ
バート

1978
投手
芝池博明

1983〜86
投手
宮下昌己

1987
投手
西村英嗣

1989、90
投手
三浦将明

1991、92
投手
加賀　元

1993〜96
捕手
松井隆昌

Dragons

Player's Number
Stories

森田通泰

〝第二の西沢道夫を目指せ〟
異例「養成選手」　高校生プロ

「66」を背負った元投手の森田通泰さんは、球界では異例の高校生プロだった。養成選手として中学卒業と同時に入団。定時制高校に通いながら練習に励んだ。同じ時期に5人の高校生プロが誕生。まだドラフト制度のない時代の出来事だ。

養成選手時代を振り返る森田通泰＝三重県菰野町で（筆者撮影）

森田通泰（もりた・みちやす）
1947（昭和22）年5月16日、三重県生まれ。右投げ両打ち。63年に三重県四日市立水沢中から養成選手で中日に投手として入団。中京商（現・中京大中京高）の定時制に通いながら練習。捕手、内野手にも挑んだが、1軍出場を果たせないまま66年3月に退団。高校も中退した。その後は病院勤務を経て三菱油化（現・三菱化学）に入社。

本人のサイン

「光源氏計画」

これを「球界の光源氏計画」と呼ぶ人もいる。中日も思い切ったことをした。1963（昭和38）年、中学を卒業したばかりの少年3人を養成選手として入団させた。その1人が森田通泰だ。

「『第二の西沢道夫を目指せ』とのことで。これは当時打撃コーチ（後に監督）だったご本人からいただいた言葉。あとで西沢さんが養成出身と知った」

西沢道夫とは永久欠番「15」にもなっている初代ミスタードラゴンズのことだ。戦前の球団創設時に見習いの養成選手として14歳で入団し、その後はチームの主砲に成長。52年に打率、打点の二冠王に輝いた。その再来を期すべく、身体能力の優れた中学生が全国から選抜されたのだ。

監督に直談判

森田は三重県四日市立水沢《すいざわ》中の出身。三重高への進学がほぼ内定していたが、63年1月、ある新聞記事に目が止まった。北諫早中（長崎県）の松本忍という同い年の少年が養成選手で中日に入団したと報じられたのだ。

養成選手として中日に入団した森田通泰（本人提供）

「プロ野球選手になるのが夢。自分も養成選手にしてほしい」

善は急げ――と単身で自主トレ視察中の杉浦清監督のもとを訪ね、中日球場（現ナゴヤ球場）で特別に入団テストを受けさせてもらった。中学ではエースとして三泗地区（四日市、三重郡）３位の成績しか残せなかったが、１００メートル走で県大会3位に入るなど資質は十分。１６８センチ、62キロの小兵ながら俊敏な動きを買われて見事に合格を果たした。一足早く福江中（長崎）の杉斉英《なりひで》の入団も決まり、３人が養成選手となった。

「背番号は松本君が68。杉君が67。あとは66と69が空いていた。僕は少ない方の66を選んだ。9という数字がちょっと気になって」。球団の総員は監督、コーチを含めて60人強。60番台の背番号は現在の育成選手がつける２００番台のように重い数字でもあった。

養成選手として中日に入団した㊧松本忍と㊨杉斉英

硬球に慣れろ

球団から高校進学も指示され、３人そろって定時制の名古屋市立中央高を受験。ところが森田だけは中京商高（現・中京大中京高）の定時制に通うことになった。ＯＢが球団に在籍しているなどの理由かららしい。中学卒業と同時に球団合宿所に入寮。のちに2000安打を達成する高木守道らそうそうたるメンバーと寝食をともにした。

起床は午前8時。同10時から午後4時まで練習した。最初は体力づくりがメーン。3人とも軟式野球出身のため重い硬球に慣れるため、「入って数カ月くらいはキャッチボールも塁間距離しか投げさせてもらえなかった」と言う。練習を終えると詰め襟に着替えて高校に通うという日々。異色の「高校生プロ」として話題を集めた。

森田は投手だったが、すぐに内野手に転向。時にはブルペン捕手を務めることもあった。たまに練習を手伝う裏方要員として1軍遠征に呼ばれることもあり、「試合後に外国人選手にチップをもらったこともある」と思い出にふけった。

2軍戦2試合

残念ながらプロでは芽が出なかった。1軍昇格を果たせず、2軍の公式戦出場もわずか2試合。プロでは1本も安打を記録できなかった。

唯一の打席は65年9月8日のウエスタン・リーグ、広島戦（中日球場）。相手投手の西川克弘がノーヒットノーランを決めた試合だった。9回に代打を告げられると、ベンチの指示は「低く構えて四球を選べ。バットは振るな」。そんなむちゃな指令にも忠実に従い、見事に死球で出塁した。残りの1試合は守備固めでの途中出場だった。

「元プロ」の壁

退団は中日入りしてから3年後の66年3月30日。スライディング練習で痛めた膝が悪化したことが選手生命を縮めた。この年から支配下登録枠が60人から50人に圧縮されたことも影響したようだ。まだ18歳だった。

その後は病院勤務を経て社会人の三菱油化（現三菱化学）に入社。野球部にも一時所属したが、プロアマ規定が厳しく全国規模の公式戦に出られない。「元・高校生プロ」という経歴が第二の野球人生の邪魔をした。

「結局、元プロはダメだということで…。仕方なく実業団のソフトボール部に入った。全国大会に3度進んだのが自慢」。現在は自宅のある三重県菰野町で少年野球を指導。日本プロ野球OBクラブ主催の野球教室でも中日のユニホーム姿で講師を務めている。背番号はもちろん「66」だ。

ドラフト制導入後の中学卒プロ

最近では阪神にドラフト8巡目で2005年に入団した辻本賢人投手（米マタデーハイスクール中退）が史上最年少となる15歳でドラフト指名された（09年に退団）。ドラフト導入後に最終学歴が中学卒（高校中退は除く）でプロになった選手には68年に近鉄に入団した近藤義之投手、71年にロッテ入りした上森合直幸投手、83年に巨人に入団した稲垣秀次内野手がいる。いずれもドラフト外。

DATA of Player's Number 66

■森田通泰の年度別成績

年	背番	位置	成績
63	66	投	1軍出場なし
64		内	1軍出場なし
65	69	内	1軍出場なし
66		内	開幕直前に退団

■中日の養成選手

年	選手名	背番	位置	出身
36	西沢道夫	0	投	第二日野高小（東京）
63	松本　忍	68	投	北諫早中（長崎）
〃	杉　斉英	67	投	福江中（長崎）
〃	森田通泰	66	投	水沢中（三重）
64	中原　薫	69	外	前原中（福岡）
〃	金富泰洋	70	投	奥浦中（長崎）
88	※大豊泰昭	95	内	名商大（愛知）

【注】※印は球団職員（練習生）として在籍

同時期に5人…NHKで番組も制作

森田が入団した翌年の1964年にも中原薫投手（福岡・前原中）＝顔写真㊨、金富泰洋外野手（長崎・奥浦中）＝同㊧の2人が養成選手として中日に入団。同期入団の松本、杉と併せて5人の高校生プロが1軍入りを目指した。

養成選手の導入は63年の新年を迎え、九州駐在の池田スカウト補佐が「長崎にすごい怪童がいる。家庭の都合で高校進学が難しいので、何とかならないか」と高田一夫球団代表（当時）に相談したのがきっかけ。その怪童とは北諫早中（長崎）の松本忍投手だった。すかさずチーフスカウトを長崎に派遣し、資質の高さを確認。同年1月13日に中日球場で球団首脳陣が見守るなか入団テストを行い、球団では36年の西沢道夫以来、27年ぶりに養成選手が誕生した。

メディアも彼らを取り上げた。64年にはNHK名古屋放送局が中日の養成選手にスポットライトを当てたドキュメンタリー番組「われら第3軍」を制作。教育テレビ（現Eテレ）で放送され、注目度はさらに増した。

ただし、1軍昇格を果たしたのは左腕の松本と、杉の2人だけだった。松本は66年に1軍デビュー。70年に引退するまで53試合に登板し、4勝7敗をマークした。杉も内野手として66年に1軍昇格を果たした

が、中日での出場は計7試合。その後、トレードで近鉄に移籍し、広島に移った71年を限りにユニホームを脱いだ。通算93試合で打率1割3分6厘（44打数6安打）、2打点だった。

2期生の中原は家庭の都合で65年のシーズン途中で退団。金富も70年まで在籍したが、1軍昇格は果たせなかった。第1回新人選手選択会議（ドラフト会議）が実施されたのは65年。これ以降、新規に養成選手が誕生することはなかった。

大砲ぞろいの番号「期待されてるな」古本武尊

現役では3年目の古本武尊外野手が「66」を背負う。2012年12月、新入団会見の際に初めてユニホームを袖を通し数字の重さを実感した。背番号の前任者は11年まで8年間指揮を執った落合博満元監督（現ゼネラルマネジャー）。

球団ではぞろ目はパンチ力のある打者の番号とされ、「背番号にはこだわりはなかったけど、球団からは期待されているなと思った」と当時を思い起こした。福岡大大濠高、龍谷大を経てドラフト3位で入団。14年9月3日のヤクルト戦（神宮）では代打で初打席初安打を飾った。

背番号66の系譜

1954
内野手
戸田忠男

1955
内野手
川崎啓之介

1956
内野手
土屋弘光

1963、64
養成選手
森田通泰

1965
内野手
山口春光

1966
コーチ
本多逸郎

1968~70
コーチ
長谷川良平

1971~77
コーチ
中山俊丈

1981、82
捕手
福田功

1983
捕手
水沼四郎

1986
捕手
入沢淳

1987~89
コーチ
木俣達彦

1990~97
捕手
椎木匠

1998~2003
内野手
高橋光信

2004~11
監督
落合博満

2013~
外野手
古本武尊

Player's Number
Stories

星野仙一

名将・川上哲治（巨人元監督）から受け継いだ「77」

監督として「77」をつけた星野仙一さん。現役引退後は巨人を日本シリーズ9連覇に導いた名将、故川上哲治元監督に心酔。監督就任の際に球史に輝く背番号「77」を継承した。

楽天では「77」は空き番になっている＝仙台市で（筆者撮影）

星野仙一（ほしの・せんいち）
1947（昭和22）年1月22日、岡山県生まれ、68歳。明大からドラフト1位で69年に中日入団。エースとして活躍し、14年間で通算146勝121敗34セーブを挙げた。74年に最多セーブ。
　82年に現役引退し、86年末に中日監督に就任。91年までの第1次、96～2001年の第2次と各1度リーグ優勝。阪神監督時代の03年にもリーグV。楽天では13年に初の日本一に輝いた。監督退任後に楽天のシニアアドバイザーとなり、現在は楽天球団の取締役副会長。

本人のサイン

「精神修養も必要だぞ」　監督としての心得学んだ

岐阜県南部の美濃加茂市。人里から少し離れた山中を分け入ると座禅修行の専門道場で知られる臨済宗妙心寺派の古刹《こさつ》・正眼寺がある。開基は１６５８年。修行僧の中には外国人の姿もあり、静寂に包まれた境内は掃除が行き届き、ちり一つない。

「監督になった直後に川上さんに修行に連れていかれてね。真冬で寒かったな。朝3時ごろに起きて、裏山で座禅を組んでお経を聴く。畳にじかに座るので肌に突き刺さるような感覚だった」

星野仙一の脳裏に当時の情景が鮮明に思い浮かぶ。中日の監督に就任した86年暮れ、背番号「77」を川上哲治元巨人監督から継承したのが何を隠そう、この地なのだ。

現役を引退したのは82年。その後はＮＨＫ解説者を務め、85年にはＮＨＫ総合テレビの情報番組「サンデースポーツスペシャル」の初代キャスターに起用された。

川上とは同じＮＨＫ解説者というよしみで懇意になり、やがて野球の帝王学に関する薫陶を受けるようになった。例えば、野球教室やゴルフコンペで帰りの車が一緒になると韓非子や三国志などを読むよう勧められた。再会した時に「読んだか」と尋ねられることもあり、課された書物は片っ端から読みあさった。

現役時代は目の敵にしていた。因縁の始まりは、巨人が連覇を4に伸ばした68年オフのドラフト会議。巨人スカウトから「田淵幸一（当時法大。阪神に入団）を取れなかったら外れ1位で」と口約束されながら指名されなかったことから強烈な対抗意識を燃やすようになった。しかし、引退後に川上本人から「指名回避は肩を壊しているという情報があったから」と告げられ、積年のわだかまりが吹き飛んだ。

寺にこもり座禅

86年10月、中日から監督の要請を受ける。川上にその旨を報告したところ「背番号は『77』をつけろ。それに監督を務めるには精神修養も必要だぞ」と思ってもいなかった答えが返ってきた。

それで監督に就任して間もない、その年の暮れに川上が監督時代を中心に修行を積んだ正眼寺で開かれる集中座禅「接心《せっしん》」を修することに。「燃える男」「闘将」と熱血漢の印象が強いが、月初めに必ず仏壇に手を合わせるなど、信心深い一面もある。二つ返事だった。

川上が修行を始めたのは現役を引退した58年のオフ。巨人の正力松太郎初代オーナーが当時の梶浦逸外住職と親交があったことから参禅するようになった。当時38歳。以降、オフになると「接心」に参加し、僧堂に1カ月近く滞在。それを20年にわたって続けた。星野が監督になったのは39歳の時。「僕は戦後生まれ初の監督。川上さんも若くして監督になった。後を託すというか、何か期するものがあったのだろうね」と話した。

マスコミには内緒で修行にいそしんだ。自身の記憶によると寺にこもったのは4日間。修行僧として一緒に座禅を組んだ現住職の山川宗玄正眼短大学長は「星野さんは羽織はかまを身に着けられ、静かに修行をされていた」と思い起こす。

厳しかったのが朝の勤めだ。まだ夜も明けぬ真っ暗な裏山のお堂で座禅を組んだ。寒さと足のしびれに耐えながらの数時間。雑念が入れば、いや応なく警策が飛んだ。

「監督の仕事もあったので長居はできなかったが、（修行の）ほんの一部分をかじることはできたのではないか」。無事に修行を終え、背番号継承のお墨付きも得た。

自らも「名将」に

その後も「77」を貫いた。中日での11年間はもちろんのこと、2002年に阪神の監督に就任した時、北京五輪（08年）で日

座禅修行の専門道場で知られる岐阜県美濃加茂市の正眼寺（筆者撮影）

本代表監督に起用された時も、数字を変えることはなかった。

監督生活の中で果たせていないことが1つだけあった。それが日本一。中日で2度、阪神で1度、リーグVを果たすも短期決戦の日本シリーズは涙をのみ続けた。

夢がかなったのは13年。楽天監督に就任して3年目に自身4度目のリーグVを遂げ、日本シリーズで宿敵巨人を下した。しかし、その雄姿を川上に見せることができなかった。日本一が決まった6日前の10月28日、川上は老衰で息を引き取った。93歳の大往生だった。

1988年10月7日、リーグ制覇を果たし、ナインに胴上げされる中日・星野仙一監督＝ナゴヤ球場で

その年の12月、東京都内でお別れの会が開かれた。遺影に向かって献花した星野は「最後にもう一度お話ししたかった。川上さんの『自分の信念を貫け』という言葉が心に残っている。日本一を報告したかった」と寂しそうに手を合わせた。

「77」の絆。川上の教えを継承し、自らも「名将」の境地にたどりついた。

■星野仙一の年度別監督成績

年	所属	背番	試合	勝数	敗数	引分	勝率	順位
87	中日	77	130	68	51	11	.571	②
88			130	79	46	5	.632	①
89			130	68	59	3	.535	③
90			131	62	68	1	.477	④
91			131	71	59	1	.546	②
96			130	72	58	0	.554	②
97			136	59	76	1	.437	⑥
98			136	75	60	1	.556	②
99			135	81	54	0	.600	①
00			132	69	63	0	.523	②
01			140	62	74	4	.456	⑤
02	阪神		140	66	70	4	.485	④
03			140	87	51	2	.630	①
11	楽天		144	66	71	7	.482	⑤
12			144	67	67	10	.500	④
13			144	82	59	3	.582	❶
14			104	47	57	0	.452	⑥
計			2277	1181	1043	53	.531	

【注】白ヌキは日本一。
00年は開幕～5月6日、5月12日～閉幕まで。
14年は開幕～5月25日、7月25日～閉幕まで。

■中日の歴代監督と背番号

代	在任期間	監督名	背番号
1	1936	池田　豊	30
2	37	枡　嘉一	50
3	38～39	根本　行都	30
4	39～41	小西　得郎	30
5	41～42	本田　親喜	30
6	43	枡　嘉一	30
7	44	三宅　大輔	なし
8	46	竹内　愛一	30
9	46～48	杉浦　清	30
10	49～51	天知　俊一	30
11	52～53	坪内　道典	30
12	54	天知　俊一	30※
13	55～56	野口　明	30
14	57～58	天知　俊一	30
15	59～60	杉下　茂	20
16	61～62	濃人渉（貴実）	1
17	63～64	杉浦　清	55
18	64～67	西沢　道夫	15、63
19	68	杉下　茂	63
20	69～71	水原　茂	68、30
21	72～77	与那嶺　要	37＊
22	78～80	中　利夫	30
23	81～83	近藤　貞雄	61＊
24	84～86	山内　一弘	65
25	87～91	星野　仙一	77＊
26	92～95	高木　守道	81
27	96～2001	星野　仙一	77＊
28	02～03	山田　久志	71
29	04～11	落合　博満	66※
30	12～13	高木　守道	88
31	14～	谷繁　元信	27

【注】※は日本シリーズ優勝監督、＊はリーグ優勝監督

縁起いいダブルラッキーセブン

巨人の川上哲治＝顔写真＝が背番号を「16」から「77」に変更したのは監督となって5年目の１９６５年だ。その前年はリーグ3位。「いつまでも現役時代の背番号をひけらかしている」との批判があがっていたことから自ら背番号変更を申し出たという。

同年1月18日に発表された際、球団広報は「77」の理由を「ダブルラッキーセブンで縁起がいいから」と説明している。監督の背番号として当時の定番だった「30」も検討されたが、コーチの背番号が「71」から「76」まで連番になっていたことから空き番の「77」を選んだとされる。

別の理由もあった。川上は読売新聞解説部発行のインタビュー本『時代の証言者』で「試合の合間に楽しみにしていた『サンセット77』という探偵もののテレビドラマがあり、その人気にあやかったというのも本当のところ」と告白している。ドラマの放送が系列の日本テレビではなく、ライバル局のTBSだったことから、公表を控えたのかもしれない。

巨人が日本シリーズ9連覇を果たした、いわゆる「V9」の初年度が65年だった。「16」時代の61、63年にも日本一を果たしており、頂点は最多の11度。監督としても「神様」だった。

7年目の「77」 渡辺博幸

現在の「77」は渡辺博幸2軍内野守備走塁コーチだ。新任で育成コーチとなった２００９年からつけており、今年で7年目。連続でつけている年数では星野よりも長い。「楽天戦で星野監督に『つけさせてもらっています』とあいさつに行った。そうしたら『おっ、そうか』とだけ…」と話した。

現役時代に「7」だった先代の宇野勝打撃コーチ（当時）が退任したタイミングで数字を受け継いだ。宇野は12年にコーチで古巣に返り咲いたが、その時は「73」を選んだ。

Dragons

背番号77の系譜

1970～72
打撃投手
石川光一

1973～77
打撃投手
豊永隆盛

1978
コーチ
井上　登

1982～86
コーチ
飯田幸夫

1987～91
監　督
星野仙一

1994
投　手
野中徹博

1996～2001
監督
星野仙一

2004～08
コーチ
宇野　勝

2009～
コーチ
渡辺博幸

番外編

Dragons

Player's Number
Stories

ドアラ

大人の階段のぼったドアラ
97年ナゴヤドーム開場で顔も体形も激変

番外編として球団マスコットのドアラにもスポットライトを当てる。背番号は「1994」でおなじみだが、いくつかの変遷をたどって現在に至っている。ドアラを直撃した。

（筆談相手・鶴田真也）

「みんなの記憶に残れば…」と語るドアラ＝ナゴヤドームで（金田好弘撮影）

ドアラ
生年、出生地は不詳。中日の球団マスコットとして1994（平成6）年3月27日にナゴヤ球場に出現。当時の中日スポーツに「平田洋投手（99年に引退）の身長と同じ」との記事があり、デビュー時は身長180センチだったもよう。バック転を得意とするも、人気はいまひとつで97年のナゴヤドーム開場を機に戦力外になりかけたが、大減量に成功するなどして辛うじて残留。2007年ごろからインターネットを通じて人気に火が付き、08年には初の著書『ドアラのひみつ』が10万部を突破した。※略歴は一部非公式。

ドアラのサイン

若いころはピンク？

―まずはデビューした1994年の写真①をご覧ください

ドアラ「**古い写真ですね**」

―今の風貌とは、かなり違いますね。本人なのですか？

「**ドアラです**」

―顔の色もピンクっぽいですね

「**若かったから**」

―当時はブサイクで人気もなかったような…。やっぱり思い切って整形手術したんでしょ？

「**手術はおしりと指だけです**」

―顔はいじってるんでしょ？

「**まったくありません。メスは入れていません**」

―では、写真をもう1枚②。ドアラがデビューした94年4月9日の開幕戦（対横浜）の1コマです。こちらの目の錯覚かもしれませんが、ドアラが2体いるような…

「**ミラクルですね**」

――話が脱線しっぱなしになるので、本題に。最初の背番号は「758」だったそうですが、どんないきさつで？

「わかりません」

――分からないんですか？

担当者 **「最初は胸に『ドラ坊や』の球団ペットマークをつけていました。『758』はその後ですね。地元名古屋ということで語呂が良かったからという単純な理由です。96年はスポンサー企業のロゴを胸と背中につけていました」**

――ナゴヤドームが開場した97年から「000」（写真③）に変わりました。変更した理由を教えてください

ドアラ **「背番号は自分の思いとはちがうから」**

――意味深ですね〜。確か、新たに球団マスコット「シャオロン」が登場した年でした。球団ペットマークの座も奪われ、ドアラの立場が危うくなったようにもみえますが？

「見えません」

――ライバル意識はあったんでしょ？

「一応、仲間ですよ」

若いころからアクロバティック＝1994年5月4日、ナゴヤ球場で

③

―一応ですか？

「（絶句して『一応』の2文字を慌てて塗りつぶす）」

担当者「シャオロンが『777』で、『333』など3桁でそろえる他球団のマスコットも多かったので、他にない『000』に変更しました。それほど深い意味はありませんでした。あくまで軽い調子で…」

―『000』になって体形も顔立ちも激変してますよね。やっぱり全身整形を…

ドアラ「手術はおしりと指だけです」

―でも、顔は年を追うごとにシュッとしていますが…

「大人の階段をのぼったんじゃないかと」

―現在と同じ「1994」に変わったのはいつのことですか？

「2004年だったような」

―登場した年にちなんでいるんですね

「わかりません」

担当者「2000年に登場したパオロンも合わせて、出現した年に背番号を合わせるということでマスコットに統一感を持たせ、分かりやすくしました」

現在の背番号「1994」

—そういえば、2011年には緑色のエコドアラが登場しました。背番号は「2011」でした。
こちらは親類？　それともドアラ本人？

ドアラ　**「ドアラです」**

偉い人に言われたら　その通りの番号を背おう

—今後、つけたい背番号はありますか？

「自分が選べるような者ではない」

—でも、これから背番号を変える可能性はあるでしょ？

「偉い人に言われたら、その通りの番号を背おいます」

—「1994」がいつかドラゴンズの永久欠番になったりして…

「みんなの記憶に残れば、背番号ではなくてもいい」

—言い忘れました。昨年がデビュー20周年。感慨深いものはあるでしょ？　今の気分はいかがですか？

「今はおなかいたい」

（かぎかっこはママ）

筆談でインタビューに答えるドアラ

DATA of the Team's Mascot

■12球団の主な現役マスコットの背番号

	球団名	名　前	背番号	理由など
セ・リーグ	**中日**	**ドアラ**	**1994**	登場年（758→000→現在）
		シャオロン	**1997**	登場年（777→現在）
		パオロン	**2000**	登場年（変更なし）
		ガブリ	**なし**	球団公式ファンクラブのマスコット
	巨人	ミスタージャビット	333	長嶋茂雄終身名誉監督のファンだから
			555	意味は「GO! GO! GO!」
	阪神	トラッキー	1985	登場年（ただし胸番号）
	広島	スライリー	！	イタズラ好きのイメージを表現
	DeNA	DB.スターマン	☆	読みは「ワンスター」。名前に由来
	ヤクルト	つば九郎	2896	本人（鳥）の希望。普段は裸
パ・リーグ	楽天	クラッチ	10	ファンのための番号。永久欠番
	西武	レオ	ナイキ	ユニホーム供給会社のロゴマーク
	ロッテ	マーくん	なし	他のマスコットも背番号なし
	ソフトバンク	ハリーホーク	100	所属選手と重複しない番号を選択
	オリックス	バファローブル	111	先代のネッピーの背番号を継承
	日本ハム	ブリスキー・ザ・ベアー	212	初登場時の北海道内の市町村数

オールスターゲームで勢ぞろいした12球団のマスコット＝2014年7月19日、甲子園球場で（池田まみ撮影）

エピソード〝ゼロ〟初登場は85年?

ドアラにも94年以前の「エピソードゼロ」の時代がある。東山動植物園（名古屋市）でコアラが公開されたのが84年。翌85年に主催試合で本塁打を放った中日の選手に従来の花束ではなく、コアラのぬいぐるみが贈られるようになった。

その時には愛称のようなものはなく、「ドアラちゃん」「ドアラ人形」と呼ばれるようになったのは86年から。等身大マスコットとしての初登場は94年。広告代理店「大広」で中日担当をしていた故・山田達夫さん（95年に死去）が企画を提案したのがきっかけだった。

元「777」シャオロン 不変「2000」パオロン

ドアラとともに球団マスコットとして親しまれる「シャオロン」㊨「パオロン」㊧も登場年を背番号にしている。シャオロンはナゴヤドームが開場した1997年に初登場。当時の星野仙一監督の背番号「77」にあやかって「777」をつけたが、04年に「1997」に変更。2000年にデビューしたパオロンは「2000」。球団マスコットでは唯一、背番号を一度も変えていない。

1981～96年に球団ペットマークに使われたキャラクターが「ドラ坊や」。背番号は不明だ。06年に球団公式ファンクラブのマスコットとして登場した「ガブリ」は背番号なし。デザインはアニメ界の巨匠、宮崎駿監督が手掛けた。ナゴヤドームにもオランウータンなどをイメージした「ドムラ」というキャラクターが存在した。

【資料編】

中日ドラゴンズ 背番号の系譜

中日ドラゴンズ 監督の系譜

● 本リストは2014（平成26）年3月28日付中日スポーツ掲載の特集「中日ドラゴンズ背番号の系譜」「中日ドラゴンズ監督の系譜」に準拠して作成した。

● 本書で取り上げた背番号については、監督、コーチ、養成選手なども含めた。

● 巻末に育成選手のデータを追加した。

中日ドラゴンズ背番号の系譜

00

若林 隆信	1992、93
山口 幸司	1995～99
吉原 孝介	2000
柳沢 裕一	2001～03
前田 新悟	2004
柳沢 裕一	2006
前田 章宏	2007～10
エルナンデス	2014～

0

西沢 道夫	1936
林 富雄	1947、48
藤王 康晴	1988、89
種田 仁	1990、91
長嶋 清幸	1992
神野 純一	1993～97
ショーゴー（森章剛）	1998～01
栗山 聡	2002、03
高橋 光信	2004～06
金剛 弘樹	2007～12
ルナ	2013～

1

丹羽 淑雄	1936
小島 茂男	1936秋～38春
戒能 朶一	1938秋～40
大沢 紀三男	1947、48
坪内 道典	1949～51
牧野 茂	1953～58
本多 逸郎	1959、60
濃人 渉	1961、62
高木 守道	1963～82
藤王 康晴	1984～87
近藤 真一	1988～91
種田 仁	1992～97
福留 孝介	1999～07
堂上 直倫	2008～14
友永 翔太	2015

2

牧野 潔	1936
志手 清彦	1937
石丸 藤吉	1938
鈴木 秀雄	1939
高木 茂	1939、40
山下 実	1942
鈴木 秀雄	1946
水野 良一	1947、48
土屋 亨	1950～55
川崎 啓之介	1956
早川 真次	1957
原田 亨	1958～60
前田 益穂	1961～63
今津 光男	1964
一枝 修平	1965～71
バート	1972
広瀬 宰	1973～75
田尾 安志	1976～84
尾上 旭	1985～87
岩本 好広	1988、89
バンスロー	1990
矢野 輝弘	1991～95
荒木 雅博	1996～

3

松浦 一義	1936
桜井 正三	1936
倉本 信護	1937秋
石田 政良	1938～40、46
藤本 英雄	1947
国枝 利通	1948～54
内海 武彦	1955、56
中 利夫（64年に三夫、65年に暁生に改名）	1957～72
藤波 行雄	1974～76
デービス	1977
ギャレット	1979、80
富田 勝	1981、82
平野 謙	1983～87
立浪 和義	1988～09
吉川 大幾	2011～14
高橋 周平	2015

4

前田 喜代士	1937春
大沢 清	1938春～41、46～48
杉山 悟	1951～56
酒井 敏明	1957～59、61
今津 光男	1962、63
山本 久夫	1964
アスプロモンテ	1964、65
ワード	1966
浜中 祥和	1967
フォックス	1969
ミラー	1970～72
テーラー	1973
マーチン	1974～78
ジョーンズ	1979、80
コージ	1981
モッカ	1982～85
ゲーリー	1986～88
清水 雅治	1989
岩本 好広	1990
長嶋 清幸	1991
佐野 心	1992～94
清水 雅治	1995
コールズ	1996
ゴメス	1997～02
酒井 忠晴	2003
アレックス	2004～06
バレンタイン	2007
藤井 淳志	2008～

三村 勲	1946、47
原田 徳光 (57年に督三に改名)	1948～57
江藤 慎一	1959～69
川畑 和人	1970
島谷 金二	1971～76
森本 潔	1977～79
田野倉 正樹 (84年に利長に改名)	1981～84
大石 友好	1985～91
彦野 利勝	1992～97
李 鍾範	1998、99
森野 将彦	2000、01
波留 敏夫	2001、02
森岡 良介	2003
森野 将彦	2004、05
平田 良介	2006～10
大島 洋平	2011～

9

岡村 信夫	1936
服部 一男	1937
三浦 敏一	1938～41
藤原 鉄之助	1946、47
長岡 久夫	1949、50
中西 由行	1951、52
本多 逸郎	1952～58
吉沢 兵男	1959～61
半田 春男	1962
岡野 善光	1963、64
菱川 章	1965～72
谷木 恭平	1973～80
中尾 孝義	1981～88
山口 幸司	1989～94
前原 博之	1995
愛甲 猛	1996～00
アンロー	2001
田上 秀則	2002、03
井上 一樹	2004～09
野本 圭	2010～13
高橋 周平	2014
石川 駿	2015

上川 誠二	1985、86
落合 博満	1987～93
金村 義明	1995～97
久慈 照嘉	1998～02
井端 弘和	2003～13
平田 良介	2014～

7

鈴木 秀雄	1936
森井 茂	1937、38
天野 竹市 (40年介一に改名)	1939、40
野口 正明	1942、43、47
沖 実郎	1949、50
松本 和雄	1950～52
山崎 善平	1953～57
森 徹	1958～61
中村 武敏	1962
ドビー	1962
伊藤 竜彦	1963～70
新宅 洋志	1971～78
宇野 勝	1979～92
ジャコビー	1993
ステアーズ	1993
横田 真之	1994
ホール	1995
山田 和利	1996
森野 将彦	1997～99
李 鍾範	2000、01
谷繁 元信	2002、03
川相 昌弘	2004～06
李 炳圭	2007～09
セサル	2010
佐伯 貴弘	2011
山崎 武司	2012、13
森野 将彦	2014～

8

浅原 直人	1936
小阪 三郎	1937
村瀬 一三	1938～41

5

ノース	1936
岩田 次男	1937春
西沢 道夫	1937
白木 一仁	1938
加藤 正二	1939
牧 常一	1940、41
加藤 正二	1943、46、47
近藤 貞雄	1948～52
木下 貞一	1953、54
伊藤 庄七	1955
丹羽 一幸	1956
加藤 進	1957、58
片岡 宏雄	1959、60
小淵 泰輔	1961、62
ニーマン	1963
葛城 隆雄	1964～69
バビー	1970
日野 茂	1971、72
ウィリアム	1973、74
神垣 雅行	1975、76
大島 康徳	1977～87
仁村 徹	1988～95
渡辺 博幸	1996～07
和田 一浩	2008～15

6

ハリス	1936
芳賀 直一	1937、 38秋～43
山本 尚敏	1946～48
野口 明	1949～54
河合 保彦	1957、58
今津 光男	1959～61
高木 時夫	1961、62
マーシャル	1963～65
広野 功	1966、67
日野 茂	1968～70
バート	1971
江島 巧	1972
井上 弘昭	1973～80
正岡 真二	1981～84

猪俣 隆	1998
岩瀬 仁紀	1999～

14

前田 喜代士	1936
西沢 道夫	1937春
高木 茂	1937
繁里 栄	1938、39
清水 秀雄	1946～50
児玉 利一	1951～56
日野 美澄	1957、58
前田 益穂	1959、60
板東 英二	1961、62
柳川 福三	1963、64
板東 英二	1965～69
谷沢 健一	1970～75
神垣 雅行	1977～80
スパイクス	1981
尾上 旭	1982～84
杉本 正	1985、86
蓬莱 昭彦	1987、88
今中 慎二	1989～01
平松 一宏	2002～05
朝倉 健太	2006～15

15

中根 之	1936
伊藤 国雄	1937春、38
吉田 猪佐喜	1939～43
西沢 道夫	1949～58
永久欠番	

16

鈴木 実	1936
木下 博喜	1937、38春
中村 三郎	1939、40
井上 嘉弘	1946、47
土屋 亨	1949、50
大島 信雄	1952～55
石川 緑	1956～58

一柳 忠尚	1953
小沢 重光	1954
岡嶋 博治	1954～60
河野 旭輝	1961～63
牧田 政彦	1964
浜中 祥和	1965、66
井手 峻	1967～69
江島 巧	1970、71
飯田 幸夫	1972～78
高橋 三千丈	1979～84
劔持 貴寛	1985
斉藤 学	1986～88
義信（陳義信）	1989、90
石本 貴昭	1991、92
横田 真之	1993
落合 英二	1994
金森 隆浩	1995～97
ジャービス	1998
日笠 雅人	1999、00
岡本 真也	2001～07
清水 昭信	2009～13
田島 慎二	2014～

13

林 直明	1946
竹本 卓	1950、51
小沢 重光	1954
小川 滋夫	1955、56
加藤 力雄	1960～63
佐野 卓郎	1963、64
小川 健太郎	1965～70
井上 幸信	1971
堂上 照	1972～85
有賀 佳弘	1986
近藤 真一	1987
小野 和幸	1988～91
近藤 真市（93年真市に改名）	1992～94
キク山田（山田喜久夫）	1995
平沼 定晴	1996、97

10

岩田 次男	1936
鈴木 秀雄	1937、38
服部 受弘	1939～41、46～58、77
永久欠番	

11

野村 実	1936
小阪 三郎	1936
石田 政良	1937
田中 実	1938～40
河村 章	1940～42、46
久野 勝美	1946～50
小島 禎二	1951
石川 克彦	1953～59
片岡 健治	1960、61
岩瀬 光時	1962
島野 育夫	1963、64
畑 隆幸	1965
高岡 英司	1966、67
徳武 定之	1968～70
川畑 和人	1971
三沢 淳	1972～84
古川 利行	1985～87
鎌仲 政昭	1988～91
小野 和幸	1992、93
平田 洋	1994～97
川上 憲伸	1998～08
岡田 俊哉	2010、11
川上 憲伸	2012～15

12

高橋 吉雄	1936
石丸 藤吉	1937
倉本 信護	1938
牧 常一	1939
鬼頭 政一	1940
石丸 藤吉	1941～43
星田 次郎	1946～52

藤沢 公也	1979～84
米村 明	1985～91
落合 英二	1992、93
ジェームズ	1994
中山 裕章	1995～01
久本 祐一	2002～05
吉見 一起	2006～

20

三浦 敏一	1937
楠本 政夫	1938春
岩本 章	1939～43、46、47
杉下 茂	1949～60
権藤 博	1961～69
渡部 司	1970
星野 仙一	1971～82
小松 辰雄	1984～94
宣 銅烈	1996～99
川崎 憲次郎	2001～04
中田 賢一	2005～13
野村 亮介	2015

21

芳賀 直一	1936
白木 一二	1937
木村 進一	1939～42
藤野 義登	1946
浜崎 忠次	1947、48
三富 恒雄	1949
岡田 善太郎	1951
伊藤 四郎	1951、52
菅野 武雄	1952
木村 博	1951～55
早川 真次	1956
小川 滋夫	1957～60
浜口 俊一	1961
山中 巽	1962～70
松本 幸行	1971～79
三枝 規悦	1980～82
近藤 満	1983～86

18

服部 一男	1936
岡本 利三	1937
服部 一男	1938春
加藤 久太郎	1938春
村松 幸雄	1939～41
三富 恒雄	1950～54
空谷 泰（58年児玉に改姓）	1955～61
福田 信夫	1962
小木曽 紀八郎	1963、64
フォイタック	1965
豊永 隆盛	1966、67
小野 正一	1968～70
稲葉 光雄	1971～76
戸田 善紀	1977～82
鹿島 忠	1983～96
小野 和義	1997
前田 幸長	1998
武田 一浩	1999
曹 竣揚	2000
ギャラード	2001～03
朝倉 健太	2004、05
中里 篤史	2006～08
伊藤 準規	2009～13
鈴木 翔太	2014～

19

森井 茂	1936
大沢 清	1937
松尾 幸造	1938～43、46、47
茅野 秀三	1948
宮下 信明	1948～54
大矢根博臣	1955～60
中山 俊丈（62年に義朗に改名）	1961～65
新宅 洋志	1966～70
川内八州男	1971～73
星野 秀孝	1974、75
西岡 三四郎	1976
大石 弥太郎	1977、78

河村 保彦	1959、60
星山 晋徳	1961
竹中 惇	1962～66
伊藤 久敏	1967～74
土屋 正勝	1975～83
安木 祥二	1984
清水 治美	1985、86
宮下 昌己	1987～89
山田 和利	1990
ライアル	1991、92
今野 隆裕	1993、94
山田 洋	1995～01
森野 将彦	2001～03
佐藤 充	2004～09
小川 龍也	2010～13
又吉 克樹	2014～

17

南方 義一	1936
加藤 智男	1936
田中 実	1937
西沢 道夫	1938～43、46
杉江 文二	1947、48
丸山 二三雄	1949、50
加藤 一昭	1951、52
中西 由行	1953、54
伊奈 勉（57年に努に改名）	1955～60
西尾 慈高	1961～65
佐藤 公博	1966～68
掘込 基明	1968～70
渋谷 幸春	1971～75
早川 実	1976～79
牛島 和彦	1980～86
村井 一男	1987
上原 晃	1988～96
光山 英和	1997
平田 洋	1998
サムソン・リー	1998、99
武田 一浩	2000、01
紀藤 真琴	2002～04
川井 進（09年雄太に改名）	2005～

財津 守	1962
岡野 義光	1965、66
伊熊 博一	1967～71
藤沢 哲也	1972、73
鈴木 博昭	1974～78
豊田 誠佑 （88年に成佑に改名）	1979～88
西本 聖	1989
広橋 公寿	1990
吉田 太	1991～94
落合 英二	1995
門倉 健	1996～99
小池 秀郎	2000、01
前田 新悟	2002、03
中村 公治	2004、05
新井 良太	2006～10
武藤 祐太	2011～

26

石丸 進一	1941～43
小島 禎二	1948～50
徳永喜久夫	1951～58
石川 緑	1959～61
長谷川 繁雄	1962
加藤 斌	1963、64
谷 哲男	1966、67
土屋 紘	1968～73
佐藤 政夫	1973～80
井手 登	1981～83
三浦 将明	1984～88
中嶋 治彦	1989～91
佐々木 健一	1992～94
野中 徹博	1995
落合 英二	1996～06
小田 幸平	2007
山内 壮馬	2008～14
井領 雅貴	2015

27

秋山 秀夫	1941
田中 金太郎	1942
大沢 紀三男	1943

大西 寛介	1953
紀藤 広光	1954～56
内海 武彦	1957
太田 文高	1958～61
寺田 陽介	1962、63
木俣 達彦	1964～82
川又 米利	1983～97
関川 浩一	1998～04
鈴木 義広	2005～14
遠藤 一星	2015

24

後藤 正	1936
繁里 栄	1937秋
本田 親喜	1940
古川 清蔵	1941～43、46、47
中崎 義夫	1951
小島 禎二	1952
浮州 重紀	1952～55
石田 泰三	1956、57
戸田 忠男	1958
式田 信一	1959～61
門岡 信行	1962～70
氏家 雅行	1971～75
梅田 邦三	1976～80
水谷 啓昭	1981～83
仁村 徹	1984～87
西村 英嗣	1988、89
西本 聖	1990～92
佐藤 秀樹	1993～98
遠藤 政隆	1999～06
堂上 直倫	2007
英智（蔵本）	2008～12
福谷 浩司	2013～

25

枡 嘉一	1938～42
笠石 徳五郎	1946～48
加藤 進	1949～55
杉山 悟	1957、58
横山 昌弘	1959～61

杉本 正	1987～90
小島 弘務	1991～95
村田 勝喜	1996、97
正津 英志	1998～04
樋口 龍美	2005～07
チェン	2008～11
岡田 俊哉	2012～

22

遠藤 忠二郎	1937
岡本 敏男	1940、41
藤原 鉄之助	1942、43
木下 政文	1946
上林 繁次郎	1947、48
杉山 哲夫	1950
高木 公男	1951、52
河合 保彦	1953～56
川崎 啓之介	1957～59
会田 豊彦	1960～62
岩瀬 光時	1963、64
小川 敏明	1964
牧田 政彦	1965、66
久保 征弘	1967、68
星野 仙一	1969、70
渡部 司	1971～75
福田 功	1976～80
曽田 康二	1981～86
山崎 武司	1987～02
アレックス	2003
柳沢 裕一	2004、05
藤井 淳志	2006、07
田中 大輔	2008～10
大野 雄大	2011～

23

枡 嘉一	1936
松尾 幸造	1937秋
森井 茂	1940～43、46
古川 忠道	1948
芳村 嵓夫	1949
近藤 禎三	1951、52

豊永 隆盛	1972、73
広野 功	1974
ローン	1975、76
芝池 博明	1977
中 利夫	1978～80
郭 源治	1981～85
山田 和利	1986～89
ディステファーノ	1990
小松崎 善久	1991
若林 隆信	1992
パウエル	1992～97
鶴田 泰	1998～00
曹 竣揚	2001、02
小林 正人	2003、04
石井 裕也	2005～08
小池 正晃	2008
野本 圭	2009
森野 将彦	2010～13
阿知羅 拓馬	2014～

31

長島 甲子男	1942、43、46、47
堀田 守和	1952
大島 中	1959、60
本多 逸郎	1961、62
高木 時夫	1963～71
金子 勝美	1972～77
石井 昭男	1978～87
仁村 薫	1988～90
山本 保司	1991～95
前田 幸長	1996、97
南渕 時高	1998、99
佐野 重樹	2000
井本 直樹	2001、02
植 大輔	2003、04
チェン	2005
森野 将彦	2006～09
中川 裕貴	2010、11
高橋 周平	2012、13
野本 圭	2014～

金山 二郎	1943、46、47
木下 育彦	1951
藤野 光久	1952～54
阿久津 義雄	1955～58
広島 衛	1959～61
柳川 福三	1962
福田 信夫	1963、64
矢野 晃	1965、66
岩月 宏之	1967
田中 勉	1968、69
佐藤 進	1970、71
川畑 和人	1972
鈴木 孝政	1973～89
与田 剛	1990～96
内藤 尚行	1996
山田 貴志	1997、98
前田 幸長	1999～01
山井 大介	2002～

30

池田 豊	1936
根本 行都	1938、39
小西 得郎	1939～41
本田 親喜	1941、42
枡 嘉一	1943
竹内 愛一	1946
杉浦 清	1946～48
天知 俊一	1949～51
坪内 道典	1952、53
天知 俊一	1954
野口 明	1955、56
天知 俊一	1957、58
板東 英二	1959、60
石本 秀一	1961、62
板東 英二	1963、64
山本 久夫	1965
スチブンス	1966
竹中 惇	1967、68
島谷 金二	1969、70
水原 茂	1971

宮崎 一夫	1947、48
鈴木 隆	1949～52
伊藤 四郎	1953、54
田原 藤太郎	1955～59
酒井 敏明	1960
水谷 伸久（64年に寿伸に改名）	1961～74
貝塚 博次	1975～78
大河原 栄	1979～85
内田 強	1986、87
岩本 好広	1987
小美濃 武芳	1988、89
松永 幸男	1990～96
中野 栄一	1997～03
谷繁 元信	2004～

28

前田 主亮	1941
山本 達男	1948
竹本 卓	1949、50
山崎 善平	1951、52
加藤 一昭	1953
田原 基稔	1954
中山 俊丈	1955～60
河村 保彦（66年に達彦に改名）	1961～67
高岡 英司	1968
江藤 省三	1969～76
都 裕次郎	1977～89
小川 宗直	1990
アンダーソン	1991、92
鶴田 泰	1993～96
大塔 正明	1997～00
中里 篤史	2001～03
石川 賢	2004、05
チェン	2006
田中 大輔	2007
小田 幸平	2008
岩田 慎司	2009～

29

井上 次平	1942

若林 弘泰	1992～96
幕田 憲治	1997～05
上田 佳範	2006～08
高島 祥平	2009～11
辻 孟彦	2012～14

36

本多 逸郎	1950、51
小島 禎二	1952
石鉢 勝美	1953
近藤 貞雄	1954
伊藤 健	1955、56
今津 光男	1957、58
山根 利明	1959、60
黒木 幹彦	1961、62
ニューカム	1962
クラウス	1963
千原 陽三郎	1964～66
新谷 憲三	1968、69
井手 峻	1970、71
迫田 七郎	1971
白滝 政孝	1972～76
小松 健二	1977～80
長田 克史	1981～86
遠田 誠治	1987～92
伊礼 忠彦	1993～95
藤井 優志	1996～02
平井 正史	2003～06
デニー	2007
谷 哲也	2008～13
小笠原 道大	2014～15

37

杉山 哲夫	1950
木村 博	1952
小川 重光	1953
大矢根 博臣	1954
尾崎 時雄	1955、56
山口 富康	1957
坂口 俊一	1958～60
与那嶺 要	1961、62

郭 源治	1986～96
小山 伸一郎	1997～04
金剛 弘樹	2005、06
平井 正史	2007～12
杉山 翔大	2013
祖父江 大輔	2014～

34

桜井 隆光	1951
河合 保彦	1952
山本 文哉	1953～56
平田 晟	1957、58
成田 秀秋	1959～62
野口 勝治	1962～66
大場 隆広	1967～70
村上 義則	1971～77
小松 辰雄	1978～83
山本 昌広（96年から山本昌）	1984～

35

山本 静雄	1948、49
加藤 一昭	1950
菅野 武雄	1951
石川 克彦	1952
伊奈 勉	1953、54
吉岡 秀雄	1955
中 利夫	1956
土屋 弘光	1957
坂本 木雄	1958
水谷 伸久	1959、60
釜井 敏晴	1961、62
本多 逸郎	1965
水谷 実智郎	1966～68
星野 秀孝	1969
渋谷 幸春	1970
伊藤 泰憲	1971～80
後藤 祝秀	1981～86
本村 信吾	1987、88
片岡 光宏	1989
田中 幸雄	1990、91

32

小鶴 誠	1942、43、46、47
一柳 忠尚	1951、52
近藤 貞夫	1953
一柳 忠尚	1954
戸田 忠男	1956、57
広島 衛（尚保から改名）	1958
伊藤 竜彦	1959～62
近藤 光郎（67年瑞郎に改名）	1963～68
若生 和也	1969～72
藤沢 哲也	1974、75
美口 博（78年靖夫に改名）	1976～78
桑田 茂	1979～86
森口 益光	1987、88
ジョージ	1989
山田 喜久夫	1990～94
佐野 心	1995
山田 喜久夫	1996～98
島崎 毅	1999、00
洗平 竜也	2001～03
中川 祐貴	2004～09
大島 洋平	2010
水田 圭介	2011
西川 健太郎	2012～

33

杉山 悟	1948～50
牧野 茂	1952
吉沢 岳男	1953～58
牧野 茂	1959
福沢 幸雄	1960～62
財津 守	1963、64
島野 育夫	1965～68
吉沢 岳男	1969
田辺 修	1970～72
豊島 寛	1973～78
中田 宗男	1979～83
山田 和利	1984、85

石田 泰三	1954
浜島 清光	1956～59
高木 守道	1960～62
加藤 力雄	1963
小淵 泰輔	1963
木田 優	1964
佐野 卓郎	1965、66
豊永 隆盛	1968～71
伊熊 博一	1972、73
片貝 義明	1974、75
谷沢 健一	1976～86
カスティーヨ	1987
田中 富生	1988～93
鳥越 裕介	1994～99
河野 亮	1999
朝倉 健太	2000～03
川岸 強	2004～06
浅尾 拓也	2007～

42

織田 茂	1954
吉山 智久	1963、64
小川 敏明	1965
井上 重信	1971
奥田 修	1972、73
フレッド	1978
西井 哲夫	1987
中村 弘道	1989
清水 雅治	1990～93
ヘンリー	1994
モンテ	1995
嶋田 章弘	1996
有働 克也	1997～99
バンチ	2000～02
桜井 好実	2003
ドミンゴ	2004～06
ラミレス	2007
クルス	2008
ブランコ	2009～12
ブラッドリー	2013
リーバス	2015

39

伊藤 四郎	1952
青田 潤三	1953、54
奥原 為雄	1955、56
鈴木 義文	1957～59
高木 一巳	1960～69
西田 暢	1970～75
青山 久人	1976～84
中村 武志	1985～01
バルガス	2002～04
玉野 宏昌	2005
清水 将海	2006～10
三瀬 幸司	2010～14
加藤 匠馬	2015

40

桜井 隆光	1951～53
空谷 泰	1954
戸田 忠男	1955
法元 英明	1956～68
大島 康徳	1969～76
藤波 行雄	1977～87
音 重鎮	1988～90
南牟礼 豊蔵	1991～93
清水 雅治	1994
大野 久	1995
益田 大介	1996～01
森 章剛	2002～05
小田 幸平	2006
西川 明	2007～10
平田 良介	2011～13
桂 依央利	2014～

41

豊島 日出男	1951
高木 公男	1952
中西 由行	1952
本田 逸郎	1952
田原 藤太郎	1953
高橋 勉	1963
山本 久夫	1964
江島 巧	1968、69
山崎 公康	1970、71
秋田 秀幸	1978～82
市村 則紀	1983～86
鈴木 康友	1986～90
北村 照文	1990～92
吉鶴 憲治	1993～95
大塔 正明	1996
筒井 壮	1997～04
小山 良男	2005～08
岩崎 恭平	2009～14
三ツ俣 大樹	2014～

38

小沢 重光	1952
和田 武彦	1953
水谷 工	1955、56
富田 虎人	1957、58
浦西 美治	1959～61
式田 信一	1962
江崎 昭雄	1963
佐々木 孝次	1964
中村 武敏	1965
島田 幸雄	1966
橋本 勝盛	1967、68
大西 譲治	1969、70
堂上 照	1971
奥田 和男（77年旭に改姓）	1972～79
島田 芳明	1980～87
大宮 龍男	1988、89
井上 一樹	1990～95
矢野 輝弘	1996、97
鈴木 郁洋	1998～02
リナレス	2003、04
大友 進	2005
斉藤 信介	2006～10
前田 章宏	2011～13
松井 雅人	2014～

鳥谷 元	1966～68
竹田 和史	1969～76
松林 茂	1977、78
川又 米利	1979～82
平沼 定晴	1983～86
小嶋 正宣	1987
高島 覚	1988～90
山内 和宏	1990～92
古池 拓一	1993～99
カールソン	2000
土谷 鉄平	2001～05
デニー友利	2006
岩崎 達郎	2007～13
井藤 真吾	2013
藤沢 拓斗	2014

47

橋本 匡博	1951、52
寺本 昭八郎	1953
野口 恭三	1954、55
尾関 釣	1956、57
前田 益穂	1958
山本 延義	1960
宮崎 晋一	1961～63
的場 裕剛	1964
竹屋 三郎	1965
北角 富士雄	1966～70
盛田 嘉哉	1971～74
関東 孝雄 (79年に孝夫に改名)	1976～81
倉田 邦房	1982～86
曽田 康二	1987
仲根 政裕	1988
斉藤 浩行	1989、90
寺西 秀人	1991～94
野口 茂樹	1995～05
ガルバ	2006
菊池 正法	2007～09
松井 雅人	2010～13
パヤノ	2014
浜田 智博	2015

リナレス	2002
バルデス	2003、04
ウッズ	2005～08
小池 正晃	2009～11
ディアス	2012、13
ゴメス	2014
バルデス	2015

45

但木 健一郎	1953、54
太田 文高	1955～57
山根 利明	1958
橋本 久敏	1960
柿本 実	1961～65
秋元 肇	1966～68
水谷 剛博	1969～73
奥田 直也	1973、74
松浦 正	1975～78
栗岡 英智	1979～87
川本 智徳	1987、88
加茂川 重治	1989
木田 勇	1990
森田 幸一	1991～95
吉鶴 憲治	1996
森 廣二	1996、97
岸川 登俊	1998、99
鈴木 平	2000、01
木村 昌広	2002、03
森岡 良介	2004～08
パヤノ	199
バルデス	2010
グスマン	2011
田島 慎二	2012、13
杉山 翔大	2014～

46

田中 一夫	1952
高山 邦男	1953～56
吉田 英司	1957、58
山本 博美	1959、60
田中 裕康	1962～65

43

山田 広彦	1952
石川 省三	1953
舟津 亨 (55年船津に改姓)	1954～56
式田 信一	1957、58
小林 英幸	1959、60
櫛笥 厚生	1961、62
釜井 敏晴 (64年二滝に改姓)	1963、64
吉山 智久	1965、66
千原 陽三郎	1967～72
辻 哲也	1973、74
末永 吉幸	1976
宇野 勝	1977、78
平田 恒男	1979～85
片平 哲也	1986～88
斉藤 学	1989、90
山中 潔	1990、91
五十嵐 明	1992、93
遠藤 政隆	1994～98
小笠原 孝	1999～12
浜田 達郎	2013～

44

山部 精治	1953～55
広島 尚保	1956、57
小川 敏明	1962
式田 信一	1963
村野 力男	1964
小木曽 紀八郎	1964
柳川 誉造	1965
松本 忍	1966～70
小泉 恒美	1971
中嶋 愛和	1972～75
金山 仙吉 (79年に卓嗣に改名)	1976～85
神山 一義	1986～97
光山 英和	1998、99
吉原 孝介	1999
ディンゴ	2000
ディモンズ	2001

52

丹羽 一幸	1953～55
平田 晟	1956
丹羽 一幸	1957
横地 由松	1958～60
柳川 福三	1961
池谷 哲夫	1962
坂口 俊一	1963
竹屋 三郎	1964
浜田 総国	1965～71
太田黒 誠二	1972
田野倉 利男（79年正樹に改名）	1973～80
若狭 徹	1981～83
松浦 英信	1984～87
高橋 幸二	1988～92
津野 広志	1993、94
佐々木健一	1995
山田 広二	1996～98
東瀬 耕太郎	1999
ギャラード	2000
前田 勝宏	2001
都築 克幸	2002～05
春田 剛	2006、07
小田 幸平	2009～14
武山 真吾	2015

53

坂本 木雄	1953～56
川口 汎夫	1957、58
杉本 茂	1959、60
元村 泰夫	1961～64
木田 優	1965～68
小山 日出夫	1969～71
井手 峻	1971～76
中原 勇一	1977～83
新島 修	1984
川畑 泰博	1985～91
デビット	1991
鎌仲 政昭	1992～95
川畑 泰博	1996
佐藤 康幸	1997～00
ブレット	2002
クルーズ	2003
酒井 忠晴	2004
マルティネス	2005、06
グラセスキ	2007
ネルソン	2009～12
井上 公志	2013
武山 真吾	2014
ペレス	2015

50

枡 嘉一	1937
打越 敏彦	1959～61
塩津 義雄	1965
相川 進	1966～68
神原 隆彦	1969
金山 仙吉	1970～75
片貝 義明	1976～80
金田 進	1982～91
岡田 耕司	1992、93
二宮 正己	1994、95
音 重鎮	1996～99
善村 一仁	2000～04
清水 将海	2005
佐藤 亮太	2006～09
中田 亮二	2010～14
金子 丈	2015

51

井上 登	1953～61
小川 敏明	1963、64
井上 登	1967
正岡 真二（71年まで村上姓）	1968～80
浜田 一夫	1982～87
辻本 弘樹	1988～91
井手元 健一朗	1992～99
福沢 卓宏	2000～02
山北 茂利	2003、04
中村 一生	2005～11
川崎 貴弘	2012～14
山本 雅士	2015

48

堀尾 和男	1952
早川 真次	1953～55
夏目 順三	1956、57
大島 中	1958
黒木 幹彦	1960
前岡 勤也	1961～64
佐々木 孝次	1965～69
松本 幸行	1970
北村 哲治	1971～76
柳沢 高雄	1977～84
水谷 茂雄	1985
小森 哲也	1986～97
井端 弘和	1998～02
湊川 誠隆	2003、04
沢井 進久	2005～10
カラスコ	2011
斉藤 信介	2012
溝脇 隼人	2013～

49

寺本 昭八郎	1952
谷本 征一	1953
渡辺 正雄	1954、55
田代 政利	1956
坂口 俊一	1957
小川 敏明	1960、61
黒木 幹彦	1962
会田 豊彦	1963、64
小木曽 紀八郎	1965
小久保 勲	1966
野口 勝治	1967
金 博昭	1968～70
坪井 新三郎	1971～75
渡辺 司	1976
高元 勝彦	1977～80
水本 啓史	1982～87
ブライアント	1988
酒井 忠晴	1989～95
樋口 一紀	1996、97
種田 仁	1998～01

原田 政彦	1995
小島 弘務	1996、97
彦野 利勝	1998
蔵本 英智	1999～07
デラロサ	2008、09
吉田 利一	2010～13
小川 龍也	2014～

58

市川 裕美	1953
水野 緑郎	1954、55
新保 高正	1956
藤本 正一	1958
石川 仁	1960
中村 武敏	1962～64
日置 司	1965
金富 泰洋	1967～70
大隈 正人	1971～76
今岡 均	1977～80
広瀬 明彦	1981～84
江本 晃一	1985～89
白井 孝幸	1989、90
富永 章敬	1991～94
大西 崇之	1995～05
石川 賢	2006、07
樋口 賢	2008、09
田中 大輔	2010～14
八木 智哉	2015

59

瀬在 文三	1954～56
竹屋 三郎	1963
小川 健太郎	1964
水谷 実智郎	1965
若生 和也	1968
川口 孝秀	1969～71
平松 秀敏	1972～78
美口 靖夫	1979、80
大島 秀晃	1981
上川 誠二	1982～84
神山 一義	1985

56

奥原 為雄	1954
中 利夫	1955
川口 汎夫	1956
伊藤 守	1958、59
櫛笥 厚正	1960
今津 光男	1961
本田 威志	1962～64
谷 哲男	1965
外山 博	1967～70
星野 秀孝	1971～73
金井 正幸	1974～82
安木 祥二	1982、83
入沢 淳	1984、85
前原 博之	1986～94
山田 広二	1995
野中 徹博	1996
松永 幸男	1997
原田 政彦	1997～01
藤立 次郎	2002、03
田上 秀則	2004、05
中村 公治	2006～09
松井 佑介	2010～

57

足木 敏郎	1953
石川 緑	1954、55
酒井 敏明	1956
内山 和巳	1958～60
佐々木 勲	1962～64
岩瀬 光時	1964
秋元 肇	1965
石川 光一	1967～70
辻 正孝	1971
山崎 公晴	1972～76
渡部 司	1977、78
平野 謙	1979～82
彦野 利勝	1983～91
永川 満寿	1992
野口 茂樹	1993、94

仲沢 忠厚	2001～05
柳田 殖生	2006～13
井上 公志	2014
亀沢 恭平	2015

54

門石 盛	1953
島津 充	1955～59
小笠原 巧	1960
船山 稔雄	1961
財津 守	1961
太田 勝	1962、63
一枝 修平	1964
島田 卓光	1965
杉 斉英	1966～68
三好 真一	1969～79
小松崎 善久	1980～89
松井 達徳	1990～97
神野 純一	1998～03
中野 栄一	2004
鎌田 圭司	2005～07
赤坂 和幸	2008～10
森越 祐人	2011～14
ネイラー	2015

55

杉浦 清	1949、50
新保 高正	1957、58
田中 良明	1960、61
井 洋雄	1962
竹内 洋	1965～73
加藤 邦洋（76年邦彦に改名）	1974～76
生田 裕之	1977、78
水谷 啓昭	1979、80
古谷 盛人	1981～87
山中 勝己	1988
大豊 泰昭	1989～97
安田 秀之	1998～00
紀藤 真琴	2001
前田 章宏	2002～06
福田 永将	2007～

白坂 勝史	2000
辻田 摂	2001、02
大塚 晶則	2003
桜井 好実 (06年に嘉実と改名)	2004～06
清水 昭信	2007、08
小熊 凌祐	2009～

65

石田 泰三	1954
長谷川 微	1955
佐々木 元治	1955、56
小早川幸二	1991、92
二宮 正己	1993
工藤 友也	1994、95
山野 和明	1996、97
清水 清人	1998～03
瀬間仲ノルベルト (05年にホッシャに登録名変更)	2004、05
金本 明博	2006、07
小山 桂司	1999～11
ソーサ	2012
マドリガル	2013
伊藤 準規	2014～

66

戸田 忠男	1954
川崎 啓之介	1955
土屋 弘光	1956
森田 通泰	1963、64
山口 春光	1965
本多 逸郎	1966
長谷川 良平	1968～70
中山 俊丈	1971～77
福田 功	1981、82
水沼 四郎	1983
入沢 淳	1986
木俣 達彦	1987～89
椎木 匠	1990～97
高橋 光信	1998～03
落合 博満	2004～11
古本 武尊	2013～

61

太田 敏行	1954～56
島田 卓光	1963、64
白次 謙二	1984～89
北野 勝則	1990～98
矢口 哲朗	1999～05
久本 祐一	2006～12
若松 駿太	2013～

62

石川 緝一	1954、55
千葉 英二	1956
岡野 義光	1962
上崎 克公	1963、64
長谷部 裕	1987～96
宮越 徹	1997～04
普久原 淳一	2005～08
井藤 真吾	2009、10
関 啓扶	2011～13
工藤 隆人	2014～

63

伊藤 正志	1954、55
上崎 泰一	1963、64
芹沢 裕二	1987～95
内藤 尚之	1997
小島 圭市	1998
金森 隆浩	1999
山崎 賢太	2001～03
堂上 剛裕	2004～14
堂上 直倫	2015

64

樋口 都雄	1954
伊藤 正志	1955、56
原 正	1964
清水 宏臣	1987～89
北村 俊介	1990～96
鶴田 泰	1997
白坂 勝史	1998、99
リリアーノ	1999
荒川 哲男	1987～89
早川 和夫	1990～93
笹山 洋一	1994～96
若林 弘泰	1997
仁平 馨	1998、99
山北 茂利	2000～02
福沢 卓宏	2003
小川 将峻	2004～09
矢地 健人	2010～14
山内 壮馬	2015

60

小川 滋夫	1954
吉岡 秀雄	1956
天知 俊一	1959、60
堀越 正宏	1961
土屋 弘光	1963、64
小久保 勲	1965
杉山 悟	1967、68
坪井 新三郎	1970
村野 力男	1973～75
バート	1976、77
芝池 博明	1978
宮下 昌己	1983～86
西村 英嗣	1987
三浦 将明	1989、90
加賀 元	1991、92
松井 隆昌	1993～96
ウィリアムズ	1997
平田 洋	1998
峰 秀	1999、00
大豊 泰昭	2001、02
瀬間仲ノルベルト	2003
清水 清人	2004、05
高江州 拓哉	2006～08
河原 純一	2009～11
宋 相勲	2012
クラーク	2013
井藤 真吾	2014
ナニータ	2015

野中 徹博	1994
星野 仙一	1996～01
宇野 勝	2004～08
渡辺 博幸	2009～

78

杉山 博行	1979～82
新島 修	1983

79

森岡 淳	1983

81

平野 謙	1978
山崎 修二	1980～82

82

志賀 正浩	1980、81

83

望月 一也 (82年に之雄に改名)	1980～82

93

中原 勇一	1984～86

94

小池 貴志	1989
永田 能隆	2001
ブラウン	2005
クルス	2007

95

小川 祥志	1989
原田 政彦	1996
ベムロア	2005
奈良原 浩	2006

96

北村 俊介	1988、89
山田 広二	2000

中里 篤史	2004、05
鳥谷部 健一	2006
三沢 興一	2007
中里 篤史	2009
佐藤 充	2010
ソト	2011、12
カブレラ	2013
谷 哲也	2014～

71

千葉 英二	1955
金富 泰洋	1965
大西 謙治	1968
高木 一巳	1970～72
松浦 英信	1983
落合 英二	1994

72

浜田 総国	1964
相川 進	1965
星野 秀幸	1968、70
猪田 利勝	1972～76

73

矢野 晃	1964
神原 隆彦	1968
赤坂 和幸	2014

74

岩月 宏之	1968
チェン	2004

76

山口 春光	1964

77

石川 光一	1970～72
豊永 隆盛	1973～77
井上 登	1978
飯田 幸夫	1982～86
星野 仙一	1987～91

67

横田 元	1954
長谷川 徹	1955
山口 富康	1956
杉 斉英	1963～65
小池 貴志	1990～92
中山 裕章	1994
三輪 敬司	1995～01
高橋 聡文	2002～

68

菅野 寿彦	1954
川島 隆	1955
兼子 文広	1956
松本 忍	1963～65
高木 時夫	1972～74
小川 祥志	1990～92
若林 隆信	1994、95
長谷部 裕	1998
川添 将大	1999～02
長峰 昌司	2003～11
高島 祥平	2012
赤田龍一郎	2013～

69

太田 文高	1954
河合 静夫	1955
原 正	1963
中原 薫	1964
森田 通泰	1965、66
伊貸 文秀	1987～89
金子 歩	1990
岡田 耕司	1991
市原 圭	1994～98
呂 健剛	1999～02
筒井 正也	2004
小林 正人	2005～14
赤坂 和幸	2015

70

金富 泰洋	1964
落合 英二	1994

97

金子 歩	1989
日笠 雅人	1996～98
木下 達生	1997

98

金子 歩	1991
芹沢 裕二	1996

99

渡部 司	1979
井上 一樹	1996～03
中村 紀洋	2007、08
カブレラ	2014

112

長谷部 裕	1997

125

中山 裕章	1994

200

ペレイラ	2006

201

加藤 光教	2006、07
加藤 聡	2009～12
宋 相勲	2013、14
川崎 貴弘	2015

202

竹下 哲史	2006、07
赤田 龍一郎	2010～13
岸本 淳希	2014～

203

チェン	2007
斉藤 信介	2011
橋爪 大佑	2014～

204

赤坂 和幸	2012～14

205

中村 紀洋	2007
井藤 真吾	2011～13
メジャ	2014～15

206

木下 達生	2011

207

藤吉 優	2015

211

小林 高也	2009～11
石垣 幸大	2015

212

矢地 健人	2010

213

サンタマリア	2010
近藤 宏基	2015

214

ヘスス	2010、11

220

クルス	2007

222

ラミレス	2007

中日ドラゴンズ監督の系譜

年	(和暦)	名前	背番号
1936	昭和11	池田　豊	30
1937春	12春	枡　喜一	50
1937秋	12秋	〃	〃
1938春	13春	根本　行都	30
1938秋	13秋	〃	〃
1939	14	〃	〃
〃	〃	小西　得郎	30
1940	15	〃	〃
1941	16	〃	〃
〃	〃	本田　親喜	30
1942	17	〃	〃
1943	18	枡　喜一	30
1944	19	三宅　大輔	なし
1945	20	戦争で中断	
1946	21	竹内　愛一	30
〃	〃	杉浦　清	30
1947	22	〃	〃
1948	23	〃	〃
1949	24	天知　俊一	30
1950	25	〃	〃
1951	26	〃	〃
1952	27	坪内　道典	30
1953	28	〃	〃
1954	29	天知　俊一	30
1955	30	野口　明	30
1956	31	〃	〃
1957	32	天知　俊一	30
1958	33	〃	〃
1959	34	杉下　茂	20
1960	35	〃	20
1961	36	濃人　渉	1
1962	37	〃（貴実に改名）	〃
1963	38	杉浦　清	55
1964	39	〃	〃
〃	〃	西沢　道夫	15
1965	40	〃	〃
1966	41	〃	〃
1967	42	〃	〃
1968	43	杉下　茂	63
1969	44	水原　茂	68
1970	45	〃	〃
1971	46	〃	30
1972	47	与那嶺　要	37
1973	48	〃	〃
1974	49	〃	〃
1975	50	〃	〃
1976	51	〃	〃
1977	52	〃	〃
1978	53	中　利夫	30
1979	54	〃	〃
1980	55	〃	〃
1981	56	近藤　貞雄	61
1982	57	〃	〃
1983	58	〃	〃
1984	59	山内　一弘	65
1985	60	〃	〃
1986	61	〃	〃
1987	62	星野　仙一	77
1988	63	〃	〃
1989	平成元	〃	〃
1990	2	〃	〃
1991	3	〃	〃
1992	4	高木　守道	81
1993	5	〃	〃
1994	6	〃	〃
1995	7	〃	〃
1996	8	星野　仙一	77
1997	9	〃	〃
1998	10	〃	〃
1999	11	〃	〃
2000	12	〃	〃
2001	13	〃	〃
2002	14	山田　久志	71
2003	15	〃	〃
2004	16	落合　博満	66
2005	17	〃	〃
2006	18	〃	〃
2007	19	〃	〃
2008	20	〃	〃
2009	21	〃	〃
2010	22	〃	〃
2011	23	〃	〃
2012	24	高木　守道	88
2013	25	〃	〃
2014	26	谷繁　元信	27
2015	27	〃	〃

あとがき

当時の増田護・中日スポーツ報道部長から「背番号列伝をやってくれぃ」と言われたのが２０１４年1月だった。おそらく編集部で一番暇そうな顔をしていたから、お呼びがかかったのだと思う。拒む理由もなかったので、二つ返事で引き受けてしまったが、予想以上の難作業だった。それを実感したのは連載1回目の「1」を調べ始めてすぐのことだった。

特に大変だったのが事実関係の確認だ。例えば、初代「1」。球団創立初年度の１９３６年につけた丹羽淑雄《としお》さんという方だったが、戦前だったのでとにかく記録が残っている文献が少ない。出身校も一宮中（現一宮高）だったり、一宮商だったりバラバラ。おまけに読み方も「よしお」としているところもある。何とか「一宮高校野球部史」で名前を見つけたものの、退団後の消息は一切不明。食傷気味の記事になってしまったのは痛恨の極みだ。

それに人の記憶をうのみにしてはいけないことも分かった。取材をしてみると、新聞の記事と本人の記憶が微妙に食い違っているのだ。何十年も前の記憶を紡いでもらうのだから、話に尾ひれが付くことは誰にもある。仕方がない。それに、いろいろな取材を重ねると、当時の記事自体に疑問を感じる部分もあった。こうなると何を信用していいのか分からなくなる。おかげで、野球文献がそろっている野球殿堂博物館（東京）の図書室に足を運ぶ機会が増え、職員の方々とはすっかり顔なじみになった。

元竜戦士の方々には貴重な時間を取材に割いていただいた。特に取材後に他界された大豊泰昭さんにはＪＲ岐阜羽島駅の食堂で2時間近くお話をしていただき、生きる執念とドラゴンズ愛ををまざまざと感じることができた。あらためてご冥福を祈りたい。最後に中日ドラゴンズの皆様、中日スポーツの諸兄にもたくさん力を貸してもらった。心より御礼申し上げる。

鶴田　真也（東京中日スポーツ報道部）

付録

第2回
中日ドラゴンズ検定

想定問題集
【背番号編】

各問題に付属して「第2回中日ドラゴンズ検定」で
実施される各級のレベルを示しました。

中日ドラゴンズ球団創設80周年記念
第2回中日ドラゴンズ検定

主　催：中日新聞社／中日スポーツ／東京新聞／東京中日スポーツ
特別協力：中日ドラゴンズ、中日ドラゴンズ公式ファンクラブ、ナゴヤドーム
協　力：CBCテレビ、東海テレビ、テレビ愛知、CBCラジオ、東海ラジオ
企画運営：日本出版販売

2016年2月14日(日)　名古屋・東京の2会場で開催
実施級　1級、2級、3級、2015シーズン級（初心者向け）

Q1
1級

ドラゴンズを最後に引退した山崎武司は引退試合出場のため2014年3月20日に支配下選手登録された。実際に日本野球機構（NPB）に登録された背番号は何番？

①「7」　②「20」
③「22」　④「201」

Q2
2級

山崎武司が現役として背番号「22」を背負って試合に出場した最後の年は？

① ドラゴンズを退団（1度目）した2002年
② オリックスを退団した2004年
③ 楽天に入団した2005年
④ 楽天を退団した2011年

Q3
2級

タレントとして活躍する板東英二がドラゴンズ時代に背番号「14」以外に2度つけた背番号は何番？

①「18」　②「20」
③「30」　④「41」

Q4
2015シーズン級

2015シーズン、ドラゴンズの高橋周平の背番号は何番に変更になった？

①「1」　②「3」
③「9」　④「31」

A1 ②「20」(P126参照)

A2 ① ドラゴンズを退団(1度目)した2002年

山崎はドラゴンズに入団した1989年から退団するまで「22」を背負った。「22」で試合に出場したのは2002年9月21日の近鉄との2軍戦(藤井寺)以来、4199日ぶりだった。オリックス時代は「5」、楽天時代はずっと「7」でドラゴンズに戻ってからの2年間も「7」だった。

A3 ③「30」(P148参照)

A4 ②「3」(P36参照)

Q5
3級

2015年1月、急性骨髄性白血病でなくなった元ドラゴンズの大豊泰昭は、現役時代背番号「55」をつけていた。その理由は？

① 5月5日生まれだった
② コント55号のファンだった
③ 王貞治のシーズン最多本塁打55（当時）を目指すため
④ 昭和55年に入団した

Q6
3級

大豊泰昭が大学卒業後にドラゴンズ球団職員として1年間つけていた背番号は何番？

①「00」
②「55」
③「60」
④「95」

Q7
1級

ドラゴンズの永久欠番となった「10」を背負った服部受弘は1941年に本塁打王になった。ではその本数は？

① 8
② 12
③ 15
④ 20

Q8
2級

1976年シーズンに初のセ・リーグ首位打者に輝いたドラゴンズの谷沢健一は、この年背番号が「41」に変更になった。前年までつけていた背番号は何番？

①「1」
②「8」
③「14」
④「40」

A5 ③ 王貞治のシーズン最多本塁打55（当時）を目指すため（P213参照）

A6 ④「95」（P214参照）

A7 ① 8（P63参照）

A8 ③「14」（P191参照）

Q9

1級

1973年にドラフト1位でドラゴンズに入団した鈴木孝政投手。入団会見で背番号「29」について質問を受け「満足しています」と答えた。その理由の回答は？

① 「2月9日生まれですから」
② 「実は29歳なんです」
③ 「うちが肉屋ですから」
④ 「9人きょうだいの2番目ですから」

Q10

2015シーズン級

2015年シーズン、ドラゴンズの堂上直倫の背番号は何番？

① 「00」
② 「1」
③ 「13」
④ 「63」

Q11

2015シーズン級

2015年の新入団ドラフト1位の野村亮介投手の背番号は何番？

① 「1」
② 「18」
③ 「20」
④ 「27」

Q12

2級

2014年、森野将彦の背番号は入団当初の背番号「7」に戻ったが、これまで森野がつけたことのない背番号は？

① 「8」
② 「16」
③ 「30」
④ 「33」

A9 ③「うちが肉屋ですから」(P137参照)

A10 ④「63」

A11 ③「20」

A12 ④「33」(P57参照)

Q13 3級

2015年シーズン、高橋周平がユニホームを着ている時以外、いつも身に着けているものは？

① 竜の指輪　② 「3」の形のペンダント

③ 箭弓（野球）神社のバットのストラップ　④ 竜神のお守り

Q14 3級

1990年4月1日に行われた鈴木孝政投手の引退試合で、孝政と同じ背番号「29」をつけて出場した投手はだれ？

① 与田　剛　② 内藤尚行

③ 前田幸長　④ 山井大介

Q15 1級

2014年11月10日に死去した俳優の高倉健さんが米国映画「ミスター・ベースボール」で演じたドラゴンズの内山監督の背番号は？

① 「0」　② 「30」

③ 「77」　④ 「83」

A13 ②「3」の形のペンダント

14年末の契約更改で落合博満GMから背番号「9」から「3」への変更を告げられた直後に、「3」をかたどったペンダントを名古屋市内で購入した。「番号は重いけど、そこから逃げちゃダメ」と自覚している。

A14 ① 与田　剛（P142参照）

A15 ④「83」

1992年公開の「ミスター・ベースボール」で高倉健さんはドラゴンズの内山監督を演じた。ハリウッドのあるロサンゼルスと名古屋市が姉妹都市という関係で、ドラゴンズが舞台になった。公開前年の91年9月にナゴヤ球場でロケが行われ、観客役で募集したエキストラが3万人集まった。内山監督役の健さんがドラゴンズのユニホーム姿で登場すると、スタンドのファンは大歓声で迎えた。ロケ中の写真によると背番号は「83」。

[著者略歴]

鶴田 真也（つるた・しんや）

1971（昭和46）年8月18日生まれ、浜松市出身。早大卒。94年に中日新聞社に入社。東京新聞宇都宮支局に配属され、96年に東京中日スポーツ報道部へ。F1、大リーグ、プロ野球の楽天担当などを担当した。2013年から2年弱、中日スポーツ報道部に勤務。今年1月から再び東京中日スポーツ報道部。

ドラゴンズ背番号ものがたり

2015年10月16日　初版第一刷発行

著　　者　**鶴田真也**

発 行 者　**野嶋庸平**

発 行 所　**中日新聞社**
〒460-8511　名古屋市中区三の丸一丁目6番1号
電話　052-201-8811（大代表）
　　　052-221-1714（出版部）

デザイン　**角田恭章**

印刷・製本　**長苗印刷株式会社**

ISBN 978-4-8062-0694-1

[中日ドラゴンズ球団 承認]